Manual de Ortografía con Ejercicios

Third Edition

Edgardo J. Pantigoso
Battista Galassi
Northeastern Illinois University

The McGraw-Hill Companies, Inc.
Primis Custom Publishing

New York St. Louis San Francisco Auckland Bogotá
Caracas Lisbon London Madrid Mexico Milan Montreal
New Delhi Paris San Juan Singapore Sydney Tokyo Toronto

McGraw·Hill

A Division of The McGraw·Hill Companies

MANUAL DE ORTOGRAFÍA CON EJERCICIOS

Copyright © 1997, 1994, 1992 by The McGraw-Hill Companies, Inc. All rights reserved. Printed in the United States of America. Except as permitted under the United States Copyright Act of 1976, no part of this publication may be reproduced or distributed in any form or by any means, or stored in a data base retrieval system, without prior written permission of the publisher.

McGraw-Hill's Primis Custom Publishing Series consists of products that are produced from camera-ready copy. Peer review, class testing, and accuracy are primarily the responsibility of the author(s).

1 2 3 4 5 6 7 8 9 0 HAM HAM 9 0 9 8 7

ISBN 0-07-292420-9

Editor: Judith A. Wetherington
Cover Design: Maggie Lytle
Printer/Binder: HAMCO/NETPUB Corporation

PREFACIO

Al escribir este manual hemos tenido en mente al estudiante que habla el castellano, el que ha nacido o vive en los Estados Unidos de América. Con este objetivo, se ha tratado de presentar los principales problemas de ortografía de manera metódica, sencilla y tradicional. El manual contiene un buen número de ejercicios que llevan al estudiante, paso a paso, al conocimiento de las principales reglas de la ortografía castellana

Como siempre agradecemos a los alumnos hispanos de Northeastern Illinois University, antiguos y presentes, por sus sugerencias y entusiasmo por el estudio de la ortografía. En esta tercera edición se han incorporado algunos nuevos ejercicios y corregido los gazapos.

Nuestras gracias a Cecilia Farfán, John J. Bohorquez y al profesor Alejandro Ferrer.

E.J.P.

B.G.

1.1   LETRAS

Son signos gráficos que representan los sonidos más simples del lenguaje (fonemas). En castellano (español) hay 26 letras y 28 si se cuentan la W y la RR. Sin embargo, sólo hay 24 fonemas pues algunas letras, la V y la B, por ejemplo, se representan con un fonema y la H que no corresponde a ningún fonema porque es muda. Las letras se dividen en vocales y consonantes.

1.2   ALFABETO

Es el conjunto de letras puestas en cierto orden. También se llama ABECEDARIO y ABECE: Las letras del alfabeto son:

A   se escribe a
B   se escribe be
C   se escribe ce
D   se escribe de
E   se escribe e
F   se escribe efe
G   se escribe ge
H   se escribe hache
I   se escribe i
J   se escribe jota
K   se escribe ka
L   se escribe ele
M   se escribe eme
N   se escribe ene
Ñ   se escribe eñe
O   se escribe o
P   se escribe pe
Q   se escribe cu
R   se escribe ere
RR   se escribe erre   y, algunos la consideran una letra compuesta.
S   se escribe ese
T   se escribe te
U   se escribe u
V   se escribe ve   y también se le llama uve
W   se escribe ve doble,   también doble ve, doble u y uve doble. Muchos excluyen a esta
                                          letra por no ser castellana.
X   se escribe equis
Y   se escribe ye   y se llama también y griega.
Z   se escribe zeta

> NOTA: El 27 de abril de 1994 los representantes de las academias de la lengua española aprobaron eliminar las letras CH y LL del alfabeto. Esta decisión, sin embargo, no afecta la ortografía ni el silabeo.

1.3 VOCALES

Son las letras del alfabeto que suenan por sí solas. Forman un sonido solo y no necesitan de otra letra para poder pronunciarlas.

En castellano hay cinco vocales A - E - I - O - U. La Y (y griega o ye) se convierte en vocal al final de palabra porque suena como una I latina.

Ejemplo: *rey, buey, estoy, muy, etc.*

Las vocales pueden ser FUERTES (abiertas) o DEBILES (cerradas). Las fuertes o abiertas son A - E - 0. Las débiles o cerradas son I - U. Las fuertes o abiertas tienen más resonancia (suenan más) que las débiles que tienen menos resonancia.

Recuerde: Vocales fuertes (abiertas) A - E - O
Vocales débiles (cerradas) I - U

1.4 CONSONANTES

Son las letras que para poder ser pronunciadas necesitan ir acompañadas de una vocal. La consonante, por ejemplo D puede pronunciarse en la sílaba sólo si se acompaña de una vocal.

Ejemplo: *D se pronuncia acompañada de la vocal E → DE*
(También du, di, da, do, etc.)

Las consonantes son todas las letras del alfabeto a excepción de las vocales.

Las consonantes son: B C D F G H J K L M N Ñ P Q R
S T V W X Y Z.

Recuerde: La CH y la LL ya no son una letra. La RR
puede ser considerada una o dos letras.

2.1 SILABA

Es una letra por sí sola o varias letras agrupadas que se pronuncian de un SOLO GOLPE o emisión DE VOZ. Ejemplos:

PAN

Está compuesta de una sílaba (monosílaba). Se pronuncia de un golpe o emisión de voz.

RO	SA

Está compuesta de dos sílabas (bisílaba). Se pronuncia con dos golpes o emisiones de voz, RO-SA.

CO	RA	ZON

Está compuesta de tres sílabas (trisílaba). Se pronuncia con tres golpes o emisiones de voz, CO-RA-ZON.

NO	VE	LIS	TA

Está compuesta de cuatro sílabas (cuadrisílaba). Se pronuncia con cuatro golpes o emisiones de voz, NO-VE-LIS-TA.

PO	SI	BI	LI	DAD

Está compuesta de cinco sílabas (pentasílaba). Se pronuncia con cinco golpes o emisiones de voz, PO-SI-BI-LI-DAD.

En castellano hay palabras con seis sílabas o más. Las consonantes no pueden formar sílabas entre sí. Para que haya sílaba siempre deben ir acompañadas de por lo menos una vocal.

 Recuerde: Sílaba es el grupo de letras pronunciadas en un golpe (emisión) de voz.

2.2   REGLAS DE SILABEO O SEPARACION DE SILABAS

Si se pronuncia lentamente una palabra se puede observar que la palabra está compuesta de uno o más golpes o emisiones de voz, cada golpe o emisión de voz corresponde a una sílaba. Para separar una palabra en sílabas habrá que tener en cuenta los golpes o emisiones de voz que hay en la palabra.

Si hay duda para separar las sílabas, consulte las siguientes reglas y ejemplos.

a)   La consonante que está entre vocales se une a la segunda vocal para formar sílaba.

po/lo   so/pa   co/sa   pa/li/to

b) Dos consonantes que están entre dos vocales se unen, cada una, a una vocal para formar sílabas.

pun/ta   can/sa/do   bas/tan/te

Pero si la segunda consonante es L o R entonces las dos consonantes se unirán a la segunda vocal para formar sílaba.

re/pli/ca   a/bri/go   hi/dró/ge/no   de/trás   re/cla/mos

c) Si tres consonantes están entre dos vocales, las dos primeras se unen a la primera vocal y la tercera consonante se une a la segunda vocal.

obs/ti/na/do   cons/ter/na/do   ins/pec/tor   cons/ti/tu/ti/vo

d) Si la vocal débil (cerrada) de un diptongo es gráficamente acentuada, se destruye el diptongo y por lo tanto se divide la sílaba

hacia (sin acento) ➔ ha/cia   Ma/rio (sin acento)
hacía (con acento) ➔ ha/cí/a   Ma/rí/a (con acento)

media (sin acento) ➔ me/dia
medía (con acento) ➔ me/dí/a

e) **Hiato:** Es el encuentro de dos vocales que no se pronuncian en una sílaba. Por lo general las vocales son fuertes (abiertas) y pertenecen a sílabas diferentes. Nunca forman diptongo.

tra/e/mos   hé/ro/e   Ca/lla/o

También se pueden considerar Hiatos las combinaciones UI que se pronuncian separadamente.

hu/ir   subs/ti/tu/i/do   flu/i/do   hu/i/mos

f) Muchas palabras que comienzan con vocal y que no son afectadas por otras reglas, forman la primera sílaba con la vocal sola.

a/mor   i/dio/ta   a/ca/bar

EJERCICIO Número 1   SILABEANDO

¿Cuántas sílabas hay en las siguientes palabras?

Ejemplos: PAZ   <u>1</u>

                     COBRE   <u>2</u>

                     PASIVO   <u>3</u>

1.	ARPA	_____	2.	EJE	_____
3.	SOMBRA	_____	4.	ESCUELA	_____
5.	FUEGO	_____	6.	RAFAEL	_____
7.	IGNACIO	_____	8.	GUERRILLA	_____
9.	CONSUL	_____	10.	EXPLORAR	_____
11.	IRACUNDO	_____	12.	OCURRENCIA	_____
13.	SOLEMNIDAD	_____	14.	PERSISTENCIA	_____
15.	ABRIGAR	_____	16.	POSIBLEMENTE	_____
17.	CONTINUIDAD	_____	18.	DEMOCRACIA	_____
19.	ROBERTO	_____	20.	BASURERO	_____
21.	APERTURA	_____	22.	DECLARACION	_____
23.	COMPRENDER	_____	24.	CHALECO	_____
25.	AUTO	_____	26.	PACIENCIA	_____
27.	INTERIOR	_____	28.	RUIDO	_____
29.	MUERTE	_____	30.	XENOFOBIA	_____

EJERCICIO Número 2   SILABEANDO

Separe (silabee) las sílabas de las siguientes palabras colocando cada sílaba en su cuadrito.
El número de cuadritos indica el número de sílabas que tiene la palabra.
Ejemplos:

FRENOS | FRE | NOS | CUIDADO | CUI | DA | DO |

1. TELEFONO

2. MENDOZA

3. NOSOTROS

4. PLANCHA

5. CONSTRUCCION

6. COMPRADOR

7. DESDICHA

8. CATRE

9. CAOBA

10. PAPELERA

11. CHOCOLATE

12. HERRUMBRE

13. LAPICERO

14. GOMERO

15. SALUDABLE

16. ESCRITORIO

17. BIBLIOTECA

18. ATLANTA

EJERCICIO Número 3   **SILABEANDO**

Separe (silabee) las sílabas de las siguientes palabras colocando cada sílaba en su cuadrito.
El número de cuadritos NO indica el número de sílabas que tiene la palabra.
Ejemplos:

PA	DRE	CI	TO		
PRO	YEC	TO			
CAL	ZA	DO			

1. BANCO					
2. CALCULADORA					
3. PIECECITO					
4. TRACTOR					
5. ZACATE					
6. LITERATURA					
7. ESCRIBIR					
8. AMISTOSO					
9. CINTA					
10. MEDIADOS					
11. HUIDA					
12. MARIACHIS					
13. BALLENA					
14. NAUFRAGAR					
15. SALIVA					
16. INNATO					
17. SIEMPRE					

EJERCICIO Número 4   SILABEANDO

Escriba en el cuadrito vacío la sílaba que falta.

Ejemplos:

Pe	DRI	TO
SE	**gun**	DO
VO	CA	**les**

#				
1.	VIC		MA	
2.	EN	TU		MO
3.		TO	RI	DAD
4.		TA	CU	LO
5.	FRI		RA	
6.	TE		MOS	
7.		POR	TE	
8.		HO	RRA	MOS
9.		POR	TAN	CIA
10.	CON	VER		
11.	PU		TRE	
12.	SOL		DO	
13.		MA	TI	CA
14.	TE		MO	TO
15.	ES		LLA	
16.	DE		YU	NO
17.	AL		ZO	
18.	PE		NES	
19.	CON		NEN	TE

2.3   LAS SILABAS QUE/QUI - GUE/GUI

Las letras C y G pueden presentar problemas en la construcción de las sílabas y en la ortografía.

La C y G tienen dos sonidos. Para aprender sus diferencias obsérvese la formación de sílabas simples con letras que no presentan problemas, por ejemplo la P y la **L**:

P + A ➔	PA ➔	**papa**
P + E ➔	PE ➔	**pepe**
P + I ➔	PI ➔	**pipa**
P + O ➔	PO ➔	**polo**
P + U ➔	PU ➔	**puro**

L + A ➔	LA ➔	**lavar**
L + E ➔	LE ➔	**leve**
L + I ➔	LI ➔	**libro**
L + O ➔	LO ➔	**lobo**
L + U ➔	LU ➔	**luna**

Como se puede ver el sonido de la P y de la L es SIEMPRE el mismo delante de las cinco vocales. Nótese, sin embargo, lo que sucede con la C con sus dos sonidos (K) y (S):

	(K)	(S)
C + A ➔ CA	➔ **casa**	
C + E ➔ CE	➔	➔ **cera**
C + I ➔ CI	➔	➔ **cine**
C + O ➔ CO	➔ **cosa**	
C + U ➔ CU	➔ **Cuba**	

Nótese que la **C** DELANTE de **E** o **I** suena como **S** (en Hispanoamérica principalmente), por ejemplo, **cera** y **cine**. Pero DELANTE de **A,O** y **U** suena como **K**, por ejemplo, **casa**, **cosa** y **cuchillo**.

Para llenar los vacíos que deja el cambio de sonido, y tener los cinco sonidos vocálicos de la C (como K), como en la letra P, se tendrá que hacer un ajuste ortográfico:

Cinco sonidos vocálicos completos. Letra P.	Sonidos vocálicos incompletos. Faltan dos.	Sonidos vocálicos completos. Ajuste ortográfico.
(P)	**(K)**	**(K)**
P **A** SO	C **A** SA	C **A** SA
P **E** SO	**E**	QU **E** SO
P **I** SO	**I**	QU **I** SO
P **O** SO	C **O** SA	C **O** SA
P **U** SO	C **U** BA	C **U** BA

Los cinco sonidos vocálicos de la **C** (k) serán:

CA	QUE	QUI	CO	CU

La letra **G** tiene también dos sonidos que siguen las reglas de la letra **C**. Para aprender las diferencias obsérvese el cuadro que sigue:

	Sonido suave **(G)**	Sonido fuerte **(j)**
G + A → GA	→ **gato**	
G + E → GE		→ **gente**
G + I → GI		→ **gitano**
G + O → GO	→ **gota**	
G + U → GU	→ **gusano**	

Nuevamente hay dos vacíos en la columna del sonido suave de la G. Para tener los cinco sonidos vocálicos de la **G** suave se tendrá que hacer un ajuste ortográfico:

Cinco sonidos vocálicos completos. Letra **M.**	Sonidos vocálicos incompletos. Faltan dos.	Sonidos vocálicos completos. Ajuste ortográfico.
(M)	G suave **(g)**	G suave **(g)**
M <u>A</u> TA	G <u>A</u> TA	G <u>A</u> TA
M <u>E</u> TA	<u>E</u>	GU <u>E</u> RRA
M <u>I</u> TA	<u>I</u>	GU <u>I</u> TARRA
M <u>O</u> TA	G <u>O</u> TA	G <u>O</u> TA
M <u>U</u> TA	G <u>U</u> SANO	G <u>U</u> SANO

Los cinco sonidos vocálicos de la G suave serán:

GA	GUE	GUI	GO	GU

Nótese que, tanto en los sonidos **QUE / QUI** como en los sonidos **GUE / GUI**, se ha insertado la letra **U** que no se pronuncia. No suena; es muda.

2.4 AJUSTES ORTOGRAFICOS DE VERBOS TERMINADOS EN -CAR -GAR

Lo explicado en 2.3 sobre las sílabas **que, qui / gue, gui** se aplica a los verbos terminados en **-CAR -GAR**. Los ajustes ortográficos son necesarios en la primera persona del singular (**yo**) y en los tiempos pretérito (indicativo) y presente (subjuntivo) y también en el imperativo. Observe el siguiente cuadro.

VERBO	PRESENTE INDICATIVO	PRETERITO (ayer)	PRESENTE SUBJUNTIVO (ojalá que)	IMPERATIVO
Tocar	yo toco	yo toqué	yo toque	Toque Ud.
Llegar	yo llego	yo llegué	yo llegue	Llegue Ud.

EJERCICIO Número 5 (GUE, GUI, QUE, QUI)

Separe (silabee) las sílabas de las siguientes palabras colocando cada sílaba en su cuadrito. El número de cuadritos NO indica el número de sílabas.

Ejemplo: *EXTINGUIR*

EX	TIN	GUIR		

1. ANGUILA
2. CARGUERO
3. YUNQUE
4. GUIÑO
5. HOGUERA
6. PARQUE
7. BODEGUERO
8. EQUITATIVO
9. BOQUETE
10. PAQUETE
11. ESQUIAR
12. LARGUEZA
13. NIQUEL
14. ALQUITRAN
15. GUIJARRO
16. CHOQUE
17. SEGUIDA
18. ALQUILAR
19. MONAGUILLO
20. MAQUILLAJE

EJERCICIO Número 6   SONIDO DE LA LETRA C

Algunas de las siguientes palabras podrían ser dictadas en clase. Escríbalas en el orden que se dictan. Las palabras son:

quebracho, conmigo, candado, quebrada, cola, saco, culata, paquete, culebra,
cuna, cuando, Arequipa, quedar, quemar, quien, quinina, equilibrio, queja,
Quijote, quince, equipaje, quemar, querido, quilla, quinta, equino, cual,
Quevedo, quimera, Quito, acaso, color, quicio, química, comer, Castilla, vaca,
chica, chocolate, incubar, artística, cuchillo, cuchara, picudo, paquidermo.

1. _____
2. _____
3. _____

4. _____
5. _____
6. _____

7. _____
8. _____
9. _____

10. _____
11. _____
12. _____

13. _____
14. _____
15. _____

16. _____
17. _____
18. _____

19. _____
20. _____
21. _____

22. _____
23. _____
24. _____

25. _____
26. _____
27. _____

28. _____
29. _____
30. _____

31. _____
32. _____
33. _____

34. _____
35. _____
36. _____

37. _____
38. _____
39. _____

40. _____
41. _____
42. _____

43. _____
44. _____
45. _____

46. _____
47. _____
48. _____

49. _____
50. _____
51. _____

EJERCICIO Número 7   SONIDO DE LA LETRA G

Algunas de las siguientes palabras serán dictadas en clase. Escríbalas en el orden que se dictan. Las palabras son:

Gallego, sigue, pegar, gaucho, aguzar, gabán, agujero, guante, godos, goma, mango,fregué, niegue, Gregorio, guía, Uruguay, arruga, seguimos, gallardo, Guevara, guiso, gorra, manguera, pago, gozar, agudo, gaveta, llegar, guión, gasolina, Guillermo, gutural, gustar, llegues, siguieron, gordo, aguja, agua, aguerrido, agarra, aguinaldo, cogote, mogote, aguijón, gallo, gula, golondrina, gobierno, gusano, zaguán.

1. _____   2. _____   3. _____

4. _____   5. _____   6. _____

7. _____   8. _____   9. _____

10. _____   11. _____   12. _____

13. _____   14. _____   15. _____

16. _____   17. _____   18. _____

19. _____   20. _____   21. _____

22. _____   23. _____   24. _____

25. _____   26. _____   27. _____

28. _____   29. _____   30. _____

31. _____   32. _____   33. _____

34. _____   35. _____   36. _____

37. _____   38. _____   39. _____

40. _____   41. _____   42. _____

43. _____   44. _____   45. _____

46. _____   47. _____   48. _____

49. _____   50. _____   51 _____

EJERCICIO Número 8 VERBOS TERMINADOS EN -CAR y -GAR

Los verbos que terminan en CAR y GAR sufren modificaciones ortográficas en ciertos tiempos verbales. Practique con los siguientes verbos de acuerdo con los ejemplos:

(buscar) Yo **busqué** ayer. (jugar) **jugué**

(buscar) Ojalá que yo **busque**. (jugar) **juegue**.

Cambios en el PRETERITO DEL INDICATIVO:

1.   (tocar)   Yo _____toqué_____ ayer.

2.   (sacar)   Yo _____saxqué_____ ayer.

3.   (colocar)   Yo _____coloqué_____ ayer.

4.   (atacar)   Yo _____ataqué_____ ayer.

5.   (mascar)   Yo _____masqué_____ ayer.

6.   (pagar)   Yo _____pagué_____ ayer.

7.   (entregar)   Yo _____entregué_____ ayer.

8.   (llegar)   Yo _____llegué_____ ayer.

9.   (pegar)   Yo _____pegué_____ ayer.

Cambios en el PRESENTE DEL SUBJUNTIVO:

1.   (tocar)   Ojalá que yo _____toque_____ .

2.   (sacar)   Ojalá que yo _____sque_____ .

3.   (colocar)   Ojalá que yo _____coloque_____ .

4.   (atacar)   Ojalá que yo _____ataque_____ .

5.   (mascar)   Ojalá que yo _____masque_____ .

6.   (pagar)   Ojalá que yo _____pague_____ .

7.   (entregar)   Ojalá que yo _____entregue_____ .

8.   (llegar)   Ojalá que yo _____llegue_____ .

EJERCICIO   Número 9   **VERBOS TERMINADOS EN -CAR y -GAR**

Conjugue los verbos para completar el sentido de la oración.

Ejemplo: *(picar) Espero que no me **piquen** los mosquitos.*

1.   (entregar)   Ayer yo _entregué_ diez pesos a mi tío Juan.

2.   (buscar)   Por favor, _busque_ usted a mi hermano.

3.   (dedicarse)   Ojalá que Luis se _dedique_ al estudio.

4.   (tocar)   Señora María, _toque_ el piano para oírla.

5.   (llegar)   Ojalá que mis padres _lleguen_ pronto.

6.   (rogar)   Ayer en la iglesia _rogué_ por mi salud.

7.   (explicar)   El sábado pasado yo les _expliqué_ el problema.

8.   (juzgar)   Ojalá que los profesores _juzguen_ bien.

9.   (embarcar)   Espero que la compañía _embarque_ mis muebles.

10.   (pagar)   Hace una hora que yo le _pagué_ todo.

11.   (acercarse)   Por favor, _se acerquen_ todos ustedes.

12.   (negar)   Yo lo _negué_ todo cuando me lo pidió.

13.   (colocar)   Ojalá que te _coloques_ en buen lugar para ver.

14.   (obligar)   Ayer yo lo _obligué_ a decirme la verdad.

15.   (sacar)   Hace dos horas que yo _saqué_ el pan.

16.   (castigar)   Ojalá que la comisión no lo _castigue_ .

17.   (atacar)   ¡Soldados, _ataquen_ !

18.   (jugar)   Ayer yo _jugué_ al tenis todo el día.

2.5   DIERESIS

Se llama diéresis o crema a los dos puntitos que se ponen sobre la letra Ü en las sílabas **GUE** y **GUI**. Se escriben estos dos puntitos sobre la letra Ü para que se pronuncie y deje de ser muda.

Ejemplos: *Mayagüez, vergüenza, lengüeta*

 Recuerde que la diéresis se usa sólamente con las sílabas **GUE y GUI**

EJERCICIO número 10   DIERESIS

Lea en voz alta las siguientes sílabas:

gue	güe	gui	güi	güe	güi
güe	güi	gue	gui	güi	güe
gui	güi	gue	güe	gui	güi
güi	gui	gui	gue	güe	gui
gue	gui	güe	gui	gui	güe

EJERCICIO número 11   DIERESIS

Lea en voz alta las siguientes palabras:

guerra	guitarra	pingüino	alguien
llegue	guija	guerrilla	cigüeña
gueto	Agueda	vergüenza	ungüento
Arguedas	desagüe	entregue	ceguera
exangüe	anguila	agüita	guillotina
Camagüey	maguey	argüir	güegüecho

EJERCICIO Número 12   DIERESIS

Algunas de las siguientes palabras se dictarán en clase. Escríbalas en los espacios en blanco:

Pedigüeño, ungüento, argüir, agüita, antigüedad, agüero, pingüe, desagüe, exangüe, pingüino, lengüita, halagüeño, agüero, bilingüe, güero (México), santígüese, güelfo, güinche, güeldo, paragüero, ambigüedad, lingüistica.

1. _____   2. _____

3. _____   4. _____

5. _____   6. _____

7. _____   8. _____

9. _____   10. _____

11. _____   12. _____

13. _____   14. _____

15. _____   16. _____

17. _____   18. _____

19. _____   20. _____

21. _____   22. _____

2.6   ORTOGRAFIA DE LA SILABA

Cuando una palabra no quepa completamente al final de un renglón, la división de la sílaba debe seguir las reglas del silabeo (2.2). Se deberá, además, tener presente las siguientes reglas:

a)   No debe separarse la **RR**, la **LL** ni la **CH** porque representan un solo sonido (fonema). **Ejemplo:**

perrita	*(Incorrecto)*	per- rita		*(Correcto)*	perri- ta
pellejo	"	pel- lejo		"	pelle- jo
muchacho	"	muc- hacho		"	mucha- cho

b)   No debe separarse las sílabas de una palabra de tal manera que dos vocales queden separadas aunque pertenezcan a sílabas diferentes. **Ejemplo:**

Callao	*(Incorrecto)*	Calla- o		*(Correcto)*	Ca- llao
peor	"	pe- or		"	peor
creer	"	cre- er		"	creer
proveer	"	prove- er		"	pro- veer

c)   Una vocal no debe quedarse sola al principio o al final de la palabra. **Ejemplo:**

adiós	*(Incorrecto)*	a- diós		*(Correcto)*	adiós
imágenes	"	i- mágenes		"	imá- genes
ejecutivo	"	e- jecutivo		"	eje- cutivo
única	"	únic- a		"	úni- ca

19

d) No debe dejarse la **H** intermedia al final de una sílaba. La letra **H** debe iniciar la sílaba.
    Ejemplo:

deshonor	*(Incorrecto)*	desh- onor	*(Correcto)*	des- honor
almohada	"	almoh- ada	"	almo- hada
alcohol	"	alcoh- ol	"	alco hol
Alhambra	"	Alh- ambra	"	al- hambra

e) En palabras compuestas cuyos componentes puedan existir aisladamente, se
    hace la separación en el punto donde se unen. **Ejemplo:**

Latinoamericano	*(Incorrecto)*	Latinoameri- cano	*(Correcto)*	Latino- americano
anteojos	"	an- teojos	"	ante- ojos
guardabosque	"	guar- dabosque	"	guarda- bosque

3.1   EL DIPTONGO

Diptongo es la unión de dos vocales que no sean fuertes pronunciadas en una sola sílaba.

Las vocales fuertes (abiertas) son **A/E/O.**
Las débiles (cerradas) son **I/U.**
Las vocales que se unen para formar un diptongo pueden ser:
      a) dos vocales débiles diferentes: v**IU**do
      b) una débil con una fuerte o viceversa: v**EI**nte   h**IE**lo.

Recuerde: Para que haya diptongo es necesario que se cumplan
dos condiciones:
1. La UNION de dos vocales que no sean fuertes
2. La UNION debe ser pronunciada en una sílaba.
Dos vocales juntas no constituyen diptongo. Tienen que cumplirse
ambas condiciones para que se forme un diptongo.

Hay catorce diptongos, unos más comunes que otros, y son los siguientes:

AI   como en: AIRE, FRAILE, CAIMAN, VAINA.

AU   como en: AUTO, CAUSA, CAUTO, CAUCE, CAUTIVERIO.

EI   como en: ACEITE, LEY, PEINETA, REY.

EU   como en: DEUDA, NEUTRO, REUMATISMO, TEUTONICO.

OI   como en: TIROIDES, DOY, ESTOY, SOIS.

OU   (muy poco común) como en: SOUZA.

IA   como en: LLUVIA, VIOLENCIA, CONFIDENCIA, HACIA.

IE   como en: TIEMPO, PIE, SIETE, CIEGO, VIERNES.

IO   como en: ESTUDIO, OCIOSO, MIOPE.

IU   como en: CIUDAD, VIUDA, DIURNO, TRIUNFO.

UA   como en: AGUA, SUAVE, CUAL, BORICUA.

UE   como en: FUEGO, LUEGO, CUENTO, FUERTE, PUERTA.

UI   como en: RUIDO, LUISA, CUIDADO.

UO   como en: ANTIGUO, VACUO, ARDUO.

3.2   OBSERVACIONES SOBRE EL DIPTONGO

Nunca forma diptongo la unión de dos vocales fuertes (abiertas).
La **Y** griega final suena como la **I** latina y, por lo tanto, forma diptongo.

Ejemplo: *faena* ➔ *fa-e-na*   *reY suena como reI*

La letra **H**, que es muda, no impide la formación de diptongo.
Si el diptongo está acentuado, el acento gráfico deberá ir sobre la vocal fuerte (abierta).

Ejemplo: *huer-ta, hués-ped, es-cri-bió*

Falsos diptongos son las sílabas **GUE, GUI, QUE, QUI**. La **U** en estas sílabas no se
pronuncia y no forma diptongo.

Ejemplo: *gue-rra, gui-ta-rra, a-quél, e-qui-po*

3.3   TRIPTONGOS

Es la unión de tres vocales en una sílaba. La vocal central es siempre fuerte (abierta).

Ejemplo: *UAI*   *ParagUAY*   *atestigUAIs*

                 UEY   *bUEY*

                 IAI   aprec*IAIs*

                 IEI   desprec*IEIs*

Ejercicio Número 13   **RECONOCIENDO EL DIPTONGO**

Escriba las siguientes palabras de tal manera que las LETRAS que forman el diptongo queden dentro del cuadrito. Todas las palabras contienen un diptongo.

Ejemplo:

MIEDO	m	**IE**	do
AFEITAR	af	**EI**	tar
MAICENA	m	**AI**	cena
LIMPIABA	limp	**IA**	ba

1. ESTUDIO
2. DIAMETRO
3. DISTANCIA
4. ALERGIA
5. ARROGANCIA
6. VIERNES
7. CLIENTE
8. SIRVIENTE
9. ANTERIOR
10. NACIONAL
11. VIOLIN
12. ACCIONES
13. DIURNO
14. CIUDAD
15. ACTUAR

16. GUANTE
17. CUENTO
18. PACIENTE
19. AUMENTOS
20. CUERNO
21. SUERTE
22. DESPUES
23. JUEGO
24. CUIDAR
25. INDIVIDUO
26. AFECTUOSO
27. PIEDRA
28. CANCION
29. RUINAS
30. CIENTO

23

NOMBRE: _____ FECHA:_____

Ejercicio Número 14   **RECONOCIENDO EL DIPTONGO**

Escriba las siguientes palabas de tal manera que las LETRAS que forman el diptongo queden dentro del cuadrito. Todas las palabras contienen un diptongo.

Ejemplo:

SUELDO   s | UE | ldo

RUIZ   R | UI | z

1. CUELLO		16. SOCIAL
2. CIEGO		17. VENIAL
3. HUERTA		18. INFANCIA
4. DEUDA		19. CONFIAR
5. VOY		20. ALIADO
6. MUEBLE		21. TIENES
7. HAITI		22. ASIENTO
8. TRAIDOR		23. PIELES
9. FRAILE		24. REFUGIO
10. CAUSA		25. SILENCIO
11. AUTONOMO		26. DIURNO
12. ACEITE		27. SUAVE
13. NEUTRON		28. VUELTA
14. EUROPA		29. SUIZA
15. OIGO		30. CUOTA

24

EJERCICIO Número 15   RECONOCIENDO EL DIPTONGO

Escriba las siguientes palabras de tal manera que la SILABA que contiene el diptongo quede dentro de la columna. NO todas las palabras contienen diptongos. Si la palabra NO tiene diptongo escriba una X en el cuadrito.

Ejemplo:

CAUTO	__CAU__	to
CALLADO	__X__	

1. PATRIA		16. TIMIDO	
2. TRAER		17. QUESO	
3. CALLAO		18. CAUCE	
4. DOY		19. HUELLA	
5. DIABLO		20. TODAVIA	
6. SENTENCIA		21. NAUFRAGIO	
7. BAUL		22. PEINETA	
8. DIA		23. FEUDAL	
9. RUIZ		24. GUARDAR	
10. VIAJES		25. PRONUNCIO	
11. CAUTO		26. PIEDRA	
12. OIDO		27. SIGUIENTE	
13. LIO		28. DESEO	
14. PUEDO		29. ROSARIO	
15. JUANA		30. DIEZ	

EJERCICIO Número 16   RECONOCIENDO EL DIPTONGO

Escriba las siguientes palabras de tal manera que las LETRAS que forman el diptongo queden dentro del cuadrito. NO todas las palabras contienen diptongos. Si la palabra NO tiene diptongo escriba una X en el cuadrito.

Ejemplo:

MUELA	m	UE	la
FRIO		X	

1. CAIDA

2. REIR

3. PAIS

4. FRIO

5. MAQUINA

6. CAUSA

7. REUMATISMO

8. EGOISMO

9. PROVINCIA

10. GRACIAS

11. RIE (de reírse)

12. TIO

13. ZAPATERIA

14. RAUL

15. CUAL

16. LUEGO

17. SUICIDA

18. ARDUO

19. HOY

20. PUENTE

21. TRANQUILO

22. QUEDARSE

23. QUITAR

24. RAICES

25. ESCUELA

26. JUDIO

27. REY

28. DUO

29. TONTERIA

30. MUELA

EJERCICIO Número 17   **RECONOCIENDO EL DIPTONGO**

Escriba en los espacios designados las palabras del siguiente párrafo que contengan diptongos. El número de rayas NO indica el número de palabras que contienen diptongos.

> *Samuel y Luis juegan a los naipes. Hacen una pausa para comer con deleite seis deliciosas enchiladas que Samuel ha preparado. La puerta está abierta y pueden ver el valle verde y hondo. De pronto, cae un aguacero tibio con ruenos. Las actividades del pueblo han cesado y por ahora todo queda tranquilo.*

1. _____

2. _____

3. _____

4. _____

5. _____

6. _____

7. _____

8. _____

9. _____

10. _____

11. _____

12. _____

13. _____

14. _____

15. _____

16. _____

17. _____

18. _____

19. _____

20. _____

EJERCICIO Número 18   **RECONOCIENDO EL DIPTONGO**

Escriba debajo de cada oración las palabras con diptongo. El número de rayas INDICA el número de palabras que contienen diptongos.

1. El caudal de la represa aumenta a causa de la furia de la tormenta.

   a) _____ b) _____

   c) _____ d) _____

2. Las naciones formaron una alianza contra la violencia.

   a) _____ b) _____ c) _____

3. Un buen remedio contra el hambre es una ensalada de aguacate.

   a) _____ b) _____ c) _____

4. La escuela es nueva pues la anterior quedó arruinada por el terremoto.

   a) _____ b) _____ c) _____

   d) _____ e) _____

5. Fuimos a cuidar a los ancianos por dos semanas.

   a) _____ b) _____ c) _____

6. El lago está rodeado por altas y majestuosas montañas.

   a) _____

7. Espero que mis hermanos vengan el domingo para poder bailar y reunir a la familia.

   a) _____ b) _____ c) _____

8. El neumático se reventó cuando Pedro rehusó disminuir la velocidad.

   a) _____ b) _____ c) _____

9. El acto heroico del muchacho conmueve a los que aprecian la libertad.

   a) _____ b) _____ c) _____

4.1   LA SILABA TONICA

En todas las palabras con dos o más sílabas siempre hay una sílaba que se pronuncia con más fuerza (sílaba tónica). Es decir que el volumen de la voz se levanta en la sílaba tónica. El acento pronunciado o que naturalmente llevan las palabras se llama prosódico.

Ejemplo: *CAlle, PErro, saLUD, LApices, LIbre*

Se puede alterar el significado de la palabra cambiando de sílaba tónica.

Ejemplo: *Animo*   *Alma o espíritu*

      aNImo   *Del verbo animar; yo animo*

      aniMO   *Pasado de animar; él animó*

Según donde esté la sílaba tónica, (acento prosódico) las palabras pueden ser: **agudas, llanas (graves), esdrújulas** y **sobresdrújulas.**

4.2   LA SILABA TONICA EN LAS PALABRAS AGUDAS

La sílaba tónica de estas palabras es la última sílaba. Es decir que en la última sílaba se levanta naturalmente el volumen de la voz.

Ejemplo: *aMAR, saLUD, ciuDAD, paPEL, infanTIL, docTOR*

La mayoría de las palabras que son naturalmente agudas terminan en consonante.

4.3   LA SILABA TONICA EN LAS PALABRAS LLANAS O GRAVES

La sílaba tónica de estas palabras es la penúltima sílaba. Es decir que en la penúltima sílaba se levanta naturalmente el volumen de la voz.

Ejemplo: *CAsa, MAdre, muJEres, GuateMAla, esPEran*

La mayoría de las palabras que terminan en **N, S** o **vocal** son naturalmente llanas o graves.

4.4 LA SILABA TONICA EN LAS PALABRAS ESDRUJULAS

La sílaba tónica de estas palabras es la antepenúltima sílaba. Es decir que en la antepenúltima sílaba se levanta naturalmente el volumen de la voz.

Ejemplos: *MEdico, PAgina, ULtimo, CAlido, inTREpido*

4.5 LA SILABA TONICA EN LAS PALABRAS SOBRESDRUJULAS

La sílaba tónica de estas palabras está antes de la antepenúltima sílaba. Es decir que en la sílaba antes de la antepunúltima se levanta naturalmente el volumen de la voz. Estas palabras son casi siempre formas verbales con pronombres pospuestos.

Ejemplos: *DIgaselo, VENdemelos, aPRENdetelo*

Estudie el gráfico siguiente:

SILABA TONICA Acento natural Antes de la antepenúltima sílaba	SILABA TONICA Acento natural Antepenúltima sílaba	SILABA TONICA Acento natural Penúltima sílaba	SILABA TONICA Acento natural Ultima sílaba
SOBRESDRUJULA	**ESDRUJULA**	**LLANA o grave**	**AGUDA**
		ver	**DAD**
		MA	dre
	UL	ti	mo
VEN	de	me	lo

EJERCICIO Número 19   **RECONOCIENDO PALABRAS AGUDAS**

Para reconocer las palabras agudas escuche cada palabra con cuidado. Ponga especial atención a la sílaba tónica. Recuerde que la mayoría de las palabras que son <u>naturalmente</u> agudas terminan en consonante (excepto las que terminan en N o S). Diga en voz alta **SALUD**. *¿Cuál sílaba suena más?   ¿Cuál es la sílaba tónica?*

Ejemplo: *SALUD*   sa | **LUD** |

Las siguientes palabras son TODAS NATURALMENTE AGUDAS. Escriba la sílaba tónica dentro del cuadrito como en el ejemplo.

#	Palabra		#	Palabra	
1.	CIUDAD		16.	ARDER	
2.	ACTOR		17.	METAL	
3.	VOLVER		18.	CALIDAD	
4.	TARDAR		19.	CALLAR	
5.	MANTEL		20.	SABER	
6.	MALDAD		21.	AZUL	
7.	PONER		22.	NIVEL	
8.	FEBRIL		23.	CENAR	
9.	ENTRAR		24.	SOCIAL	
10.	NARIZ		25.	HONOR	
11.	PASTOR		26.	DOCTOR	
12.	GRITAR		27.	PARED	
13.	ARROZ		28.	LUNAR	
14.	ABRIL		29.	ACTRIZ	
15.	AMAR		30.	HACER	

EJECICIO Número 20   RECONOCIENDO PALABRAS AGUDAS

Escriba las siguientes palabras de tal manera que la sílaba tónica quede dentro del cuadrito. Todas las palabras de este ejercicio son NATURALMENTE AGUDAS. Recuerde: las palabras que son NATURALMENTE agudas terminan en consonante (excepto las que terminan en N o S).

Ejemplo: *POSIBILIDAD*   *posibili* | **DAD** |

1. CARIDAD

2. VOLUNTAD

3. TEMPESTAD

4. TESTIFICAR

5. HUMILDAD

6. MERCANTIL

7. JUVENTUD

8. LEALTAD

9. SOLEDAD

10. ABANDONAR

11. HOSPITAL

12. CENAR

13. TENEDOR

14. TARDAR

15. SERVIL

16. INFELIZ

17. ESPECIAL

18. PREGUNTAR

19. ESCRIBIR

20. CRIMINAL

21. ENTREGAR

22. COMENZAR

23. HONRADEZ

24. OPORTUNIDAD

25. AMISTAD

26. MEDITAR

27. SALUDAR

28. ENFERMEDAD

29. ENTREGAR

30. ENCANTADOR

EJERCICIO Número 21   RECONOCIENDO PALABRAS AGUDAS

Escriba las siguientes palabras de tal manera que la sílaba tónica de las palabras agudas quede dentro del cuadrito. Si la palabra NO es aguda escriba una X dentro del cuadrito. Recuerde: las palabras que son naturalmente agudas terminan en consonante (excepto las que terminan en N o S).

Ejemplo:

CANTAR   can | TAR |

SILLA | X |

1.	PLANTAR		16.	TAPIZ
2.	CERO		17.	EDAD
3.	BRAZO		18.	CAPAZ
4.	CONTROL		19.	FUERTE
5.	AMOR		20.	FAVOR
6.	COLLAR		21.	VIRREY
7.	ARBOL		22.	NECTAR
8.	SENTIR		23.	RIVAL
9.	FLECHA		24.	CUENTO
10.	TERCER		25.	RELOJ
11.	VOCAL		26.	METAL
12.	CARTEL		27.	FELIZ
13.	CONVOY		28.	AZUL
14.	HORNO		29.	FLORES
15.	PANTERA		30.	MUJER

EJERCICIO Número 22   **RECONOCIENDO PALABRAS AGUDAS**

Escriba las siguientes palabras de tal manera que la sílaba tónica de las palabras agudas quede dentro del cuadrito. Si la palabra NO es aguda escriba una X dentro del cuadrito. Recuerde: las palabras que son naturalmente agudas terminan en consonante (excepto las que terminan en N o S).

Ejemplo:

SENSIBILIDAD	*sensibili*	**DAD**
VENTANA		X

1.	ESCRITORIO		16.	ESCUCHAR
2.	ESPAÑOL		17.	DESPERTADOR
3.	SINGULAR		18.	OBLIGATORIO
4.	PRINCIPAL		19.	LEALTAD
5.	CAMIONES		20.	SIRVIENTE
6.	TERMINAR		21.	FESTIVIDAD
7.	ESPIRITUAL		22.	SINGULAR
8.	ANTIGUO		23.	REGIONAL
9.	AVESTRUZ		24.	NATURAL
10.	ALFILER		25.	INCAPAZ
11.	CAPITAL		26.	PARAGUAS
12.	AMISTADES		27.	AMABILIDAD
13.	PRESENTABLE		28.	SEMBRADOR
14.	MONEDA		29.	CALZONES
15.	TINIEBLA		30.	EMPRENDEDOR

EJERCICIO Número 23   **RECONOCIENDO PALABRAS GRAVES**

Para reconocer las palabras graves escuche cada palabra con cuidado. Ponga especial atención a la sílaba tónica. Recuerde que la mayoría de las palabras que son naturalmente graves terminan en N, S o vocal.

Ejemplo: **ROPERO**   ro | **PE** | ro

                 HUERTA | **HUER** | ta

Las siguientes palabras son todas NATURALMENTE graves. Escriba la sílaba tónica dentro del cuadrito como en el ejemplo.

1.	NUEVO	16.	CIEGO
2.	BAILE	17.	NECIO
3.	PUERTA	18.	MARTES
4.	GANCHO	19.	SIEMPRE
5.	VERDE	20.	VIENEN
6.	DIENTES	21.	SIERRA
7.	HUELGA	22.	AGUA
8.	GRIPE	23.	FUERTE
9.	DULCE	24.	BLUSA
10.	ANTES	25.	PRIMO
11.	CUANDO	26.	LIBRO
12.	HUESO	27.	SIGNO
13.	CUERPO	28.	LUCES
14.	TECHO	29.	CIELO
15.	SUERTE	30.	INDIO

EJERCICIO Número 24   **RECONOCIENDO PALABRAS GRAVES**

Para reconocer las palabras graves escuche con cuidado cada palabra. Ponga especial atención a la sílaba tónica. Recuerde que la mayoría de las palabras que son naturalmente graves terminan en N, S o vocal.

Ejemplo:

CARPETA	car	**PE**	ta
CALZADOS	cal	**ZA**	dos
PERRO		**PE**	rro

Escriba la sílaba tónica dentro del cuadrito como en el ejemplo.

1. DICCIONARIO

2. IZQUIERDA

3. PALABRAS

4. VENTAS

5. NARANJA

6. RESULTADO

7. IMAGEN

8. ABANICO

9. INOCENTE

10. CONTIENEN

11. CORTINA

12. PLATILLO

13. CONFERENCIA

14. PENSAMIENTO

15. PROFETA

16. CORRIENDO

17. ABUNDANCIA

18. MAYORES

19. CADENAS

20. MANTEQUILLA

21. DORMITORIO

22. LEGUMBRE

23. DEPORTISTA

24. CAMARERO

25. TRATAMIENTO

26. PAISAJE

27. DEMASIADO

28. LATIDO

29. ESQUINA

30. TRABAJANDO

EJERCICIO Número 25   **RECONOCIENDO PALABRAS GRAVES**

*Para reconocer las palabras graves escuche con cuidado cada palabra. Ponga especial atención a la sílaba tónica. Si la palabra no es grave escriba una **X** en el cuadrito. Recuerde que la mayoría de las palabras que son naturalmente graves terminan en **N**, **S** o vocal.*

Ejemplo:

ZAPATO	za	**PA**	to
COLLAR		**X**	
VENGAN		**VEN**	gan

*Las siguientes palabras **NO** son todas **naturalmente** graves. Escriba la sílaba tónica dentro del cuadrito como en el ejemplo. Si no es grave, escriba una **X**.*

1. CUCHILLO
2. PAPEL
3. HUEVO
4. OJALA
5. CUEVA
6. FIESTA
7. DIENTE
8. MELON
9. AGRIO
10. CAJA
11. CANTAR
12. BUZON
13. LENGUA
14. BESO
15. HORA

16. PODER
17. VERDE
18. GRITAR
19. LABIO
20. BOMBA
21. GORDO
22. PATIO
23. FELIZ
24. PLOMO
25. CUADRO
26. NIETOS
27. LUNES
28. ALMA
29. DOBLE
30. VIERNES

EJERCICIO Número 26   **RECONOCIENDO PALABRAS GRAVES**

Para reconocer las palabras graves, escuche con cuidado cada palabra. Ponga especial atención a la sílaba tónica. Si la palabra no es grave escriba una X en el cuadrito. Recuerde que la mayoría de las palabras que son naturalmente graves terminan en N, S o vocal.

Ejemplo: *MAÑANITA*   maña $\boxed{NI}$ ta

                      MISION $\boxed{X}$

Las siguientes palabras NO son todas naturalmente graves. Escriba la sílaba tónica dentro del cuadrito como en el ejemplo. Si la palabra no es grave, escriba una X.

1. ESTACION		16. TESTIGO	
2. AUDIENCIA		17. ADELANTE	
3. TRIUNFO		18. INTRUSO	
4. ABUSAR		19. VOLUMEN	
5. MISERIA		20. BOGOTA	
6. TENEDOR		21. CORRUPTIBLE	
7. COMPUESTO		22. ATAQUE	
8. ABURRIDO		23. PERDONAN	
9. PERPETUIDAD		24. OCUPACION	
10. COLORES		25. OFICIAL	
11. RESUMEN		26. ROMANCE	
12. ANSIOSO		27. CAPAZ	
13. ADEMAS		28. JARDINERO	
14. CEBOLLA		29. SUJETO	
15. LIRICO		30. VOLCAN	

NOMBRE:_____ FECHA:_____

EJERCICIO Número 27   **RECONOCIENDO PALABRAS ESDRUJULAS**

Para reconocer las palabras esdrújulas, escuche con cuidado cada palabra. Ponga especial atención a la sílaba tónica. Escriba las siguientes palabras de tal manera que la sílaba tónica quede en el cuadrito. Todas las palabras son esdrújulas.

Ejemplo:

CAPSULA | CAP | *sula*

1. CRITICO

2. MIERCOLES

3. ROMANTICO

4. DOLARES

5. POLITICOS

6. CRONICO

7. INTERPRETE

8. ASTRONOMO

9. PALIDO

10. ACIDO

11. RIDICULO

12. PAGINA

13. REPUBLICA

14. ULCERA

15. CENTRICO

16. ARISTOCRATA

17. FANTASTICO

18. SIMBOLO

19. COMODO

20. FILOSOFO

21. ESTOMAGO

22. PROXIMO

23. MATEMATICO

24. SABADO

25. RELAMPAGO

26. FABRICA

27. PELICULA

28. CIENTIFICO

29. PERIODICO

30. VIBORA

EJERCICIO Número 28   **RECONOCIENDO PALABRAS ESDRUJULAS**

Para reconocer las palabras esdrújulas, escuche con cuidado cada palabra. Ponga especial atención a la sílaba tónica. Recuerde que la mayoría de las palabras que son naturalmente esdrújulas terminan en N, S o vocal.

Ejemplo:

IMPERIO	X
LAPICES	**LA** pices

*Las siguientes palabras **NO** son todas esdrújulas. Escriba la sílaba tónica dentro del cuadrito. Si la palabra no es esdrújula, escriba una **X**.*

1. DESGRACIADO		16. BARBARO	
2. SINONIMO		17. UNICO	
3. DISTINTIVO		18. DUDOSO	
4. INTERCAMBIO		19. PERIMETRO	
5. PILDORA		20. REPUGNANTE	
6. AGRICOLA		21. TESTAMENTO	
7. INDICE		22. GRAMATICA	
8. LEGALIDAD		23. VIBORA	
9. ESTUPIDO		24. INSINUACION	
10. LAMPARA		25. FRACASAR	
11. ABANICO		26. MANIFIESTO	
12. COMICO		27. PARROCO	
13. TELEFONO		28. MANTENIMIENTO	
14. DECREPITO		29. MICROFONO	
15. VOLATIL		30. CENTRICO	

EJERCICIO Número 29   **RECONOCIENDO PALABRAS SOBRESDRUJULAS**

Para reconocer las palabras sobresdrújulas, escuche con cuidado cada palabra. Ponga especial atención a la sílaba tónica. Escriba las siguientes palabras de tal manera que la sílaba tónica quede en el cuadrito. Recuerde que generalmente estas palabras son formas verbales con pronombres pospuestos.

Ejemplo: *PAGASELO* | **PA** | *gaselo*

*Las siguientes palabras son **TODAS** sobresdrújulas.*

1. DIGAMELO
2. PRESTASELA ·
3. COMIENDOMELO
4. MUESTRAMELOS
5. CUENTENOSLO
6. MANDENMELA
7. DESCRIBASELA
8. PONGASELO
9. COMPRANOSLA
10. LIMPIAMELOS
11. ENTREGASELA
12. HAGANMELAS
13. SACAMELO
14. VENDASELO
15. PASAMELO

16. LEYENDONOSLO
17. ESCRIBASELO
18. EXPLICASELO
19. TRAIGAMELO
20. RECUERDASELO
21. MANDENOSLO
22. PRESTAMELO
23. PREGUNTASELO
24. VENDAMELAS
25. APAGUESELA
26. PAGAMELO
27. MUESTRENSELOS
28. QUITATELO
29. LAVATELAS
30. TOMATELO

EJERCICIO Número 30   RECONOCIENDO PALABRAS SOBRESDRUJULAS

Para reconocer las palabras sobresdrújulas, escuche con cuidado cada palabra. Ponga especial atención a la sílaba tónica. Recuerde que la mayoría de las palabras que son naturalmente sobresdrújulas terminan en N, S o vocal.

Ejemplo: *CARPETAZO* | X |

PAGUEMELA | PA | *guemela*

Escriba la sílaba tónica dentro del cuadrito. Si la palabra no es sobresdrújula, escriba una X como en el ejemplo.

1. ENVIESELAS	16. PRETENSIOSO
2. PINTANDOSELA	17. RASCACIELOS
3. SIMPATICO	18. PIDESELOS
4. PINTESELA	19. INCONVENIENTE
5. TRAGUESELO	20. DESPIDETE
6. CARAMELO	21. ACERQUEMONOS
7. DEVUELVEMELO	22. PONIENDOMELO
8. INTELIGENTE	23. PRESENTAMELA
9. SUMASELA	24. OLVIDEMOSLO
10. NOVELISTICO	25. IMAGINATE
11. COMETELO	26. SACANDOMELO
12. INMEDIATO	27. TRIANGULO
13. TIRASELO	28. PAGUENSELO
14. LLEVATELAS	29. TRADUZCASELA
15. CREAMELO	30. RECUERDASELO

5.1 ACENTO GRAFICO (ACENTUACION GRAFICA)

El acento gráfico o tilde es la rayita oblicua de derecha a izquierda (´) que se escribe sobre una letra. Hay reglas establecidas que gobiernan la acentuación gráfica. En general la acentuación gráfica se podría clasificar en cuatro categorías independientes entre sí.

1. Reglas generales de acentuación ortográfica

2. Acentuación por HIATO

3. Acento diacrítico

4. Acentuación especial

5.2 REGLAS GENERALES DE ACENTUACION

Las reglas generales de acentuación gráfica se refieren a la acentuación gráfica de palabras agudas, llanas o graves, esdrújulas y sobresdrújulas. El acento gráfico se escribe sobre la vocal de la sílaba. Si hubiese más de dos vocales en la sílaba, se escribirá el acento gráfico sobre la vocal fuerte (abierta).

PALABRAS AGUDAS

Las palabras agudas se pronuncian NATURALMENTE (acento prosódico) levantando la voz en la **última** sílaba (sílaba tónica) **(ver 4.2)**.

En castellano hay muchas palabras agudas pero **NO** todas llevan acento gráfico (tilde).

¿Cuáles palabras agudas llevan acento gráfico (tilde)?

SOLO se acentúan gráficamente (tildan) las palabras agudas que terminan en vocal **(A, E, I, O, U)** o en **N** y **S**.

Ejemplos:

VOLVER   Es palabra aguda pero NO termina en **vocal, N o S,** por lo tanto, **NO** lleva acento gráfico (tilde): **volver**.

JARDIN   Es palabra aguda que termina en **N**, por lo tanto, lleva acento gráfico (tilde): **jardín**.

SALUD   Es palabra aguda pero **NO** termina en **vocal, N o S,** por lo tanto, **NO** lleva acento gráfico (tilde): **salud**.

CAFE   Es palabra aguda que termina en **vocal (e)**, por lo tanto, lleva acento gráfico (tilde): **café.**

MANTEL   Es palabra aguda pero **NO** termina en **vocal, N o S**, por lo tanto, **NO** lleva acento gráfico (tilde): **mantel.**

ATRAS   Es palabra aguda que termina en **S**, por lo tanto, lleva acento gráfico (tilde): **atrás.**

PARED   Es palabra aguda pero **NO** termina en **vocal, N o S**, por lo tanto, **NO** lleva acento gráfico (tilde): **pared.**

PERU   Es palabra aguda que termina en vocal **(u)**, por lo tanto, lleva acento gráfico (tilde): **Perú.**

 Recuerde No todas las palabras agudas llevan acento gráfico. Solamente las agudas que terminan en vocal, N o S.

PALABRAS GRAVES O LLANAS

Las palabras graves o llanas se pronuncian NATURALMENTE (acento prosódico) levantando la voz en la penúltima sílaba (sílaba tónica) **(ver 4.3).**

En castellano hay muchas palabras graves o llanas pero **NO** todas las palabras graves o llanas llevan acento gráfico (tilde). Póngase especial atención a lo que se acaba de leer; "No todas las palabras graves o llanas llevan acento gráfico (tilde)".

¿Cuáles palabras graves o llanas llevan acento gráfico (tilde)?

Sólo se acentúan gráficamente (tildan) las palabras graves o llanas que terminan en **consonante**, que no sea **N o S.**

Ejemplos:

VERDE   Es palabra grave pero **NO** termina en **consonante**, por lo tanto, **NO** lleva acento gráfico (tilde): **verde.**

MARMOL   Es palabra grave o llana que termina en **consonante** (L), por lo tanto, lleva acento gráfico (tilde): **mármol.**

ABANICO   Es palabra grave o llana pero **NO** termina en **consonante**, por lo tanto, **NO** lleva acento gráfico (tilde): **abanico.**

AZUCAR   Es palabra grave o llana que termina en **consonante** (R). Por lo tanto, lleva acento gráfico (tilde): **azúcar.**

CORTINA   Es palabra grave o llana pero **NO** termina en **consonante**, por lo tanto, **NO** lleva acento gráfico (tilde): **cortina.**

LOPEZ   Es palabra grave o llana que termina en **consonante** (Z), por lo tanto, lleva acento gráfico (tilde): **López.**

VENTANA   Es palabra grave o llana que **NO** termina en **consonante**, por lo tanto, **NO** lleva acento gráfico (tilde): **ventana.**

ALBUM   Es palabra grave o llana que termina en **consonante** (M), por lo tanto, lleva acento gráfico (tilde): **álbum.**

> **Recuerde**: NO todas las palabras graves o llanas llevan acento gráfico. Solamente las graves o llanas que terminan en consonante que no sean N ni S.

PALABRAS ESDRUJULAS

Las palabras esdrújulas se pronuncian NATURALMENTE (acento prosódico) levantando la voz en la **antepenúltima** sílaba (sílaba tónica) **(ver 4.4).**

En castellano hay muchas palabras esdrújulas y **TODAS** las palabras esdrújulas llevan acento gráfico (tilde).

¿Cuáles palabras esdrújulas llevan acento gráfico?

TODAS las palabras esdrújulas llevan acento gráfico.

Ejemplos:

MIERCOLES   Es palabra esdrújula. Todas las esdrújulas llevan acento gráfico (tilde): **miércoles**.

PALIDO   Es palabra esdrújula. Todas las esdrújulas llevan acento gráfico (tilde): **pálido**

FANTASTICO   Es palabra esdrújula. Todas las esdrújulas llevan acento gráfico (tilde): **fantástico**

> **Recuerde**: Todas las palabras esdrújulas llevan acento gráfico.

PALABRAS SOBRESDRUJULAS

En castellano hay muchas palabras sobresdrújulas y TODAS llevan acento gráfico (tilde). Estas palabras casi siempre son formas verbales con pronombres pospuestos.

Ejemplos:

MUESTREMELOS Es palabra sobresdrújula. TODAS las sobresdrújulas llevan acento gráfico (tilde): **muéstremelos**.

PAGAMELO Es palabra sobresdrújula. TODAS las sobresdrújulas llevan acento gráfico (tilde): **págamelo**.

COCINANDOSELO Es palabra sobresdrújula. TODAS las sobresdrújulas llevan acento gráfico (tilde): **cocinándoselo**.

COMPRAMELAS Es palabra sobresdrújula. TODAS las sobresdrújulas llevan acento gráfico (tilde): **cómpramelas**.

Recuerde: Todas las palabras sobresdrújulas llevan acento gráfico.

NOMBRE:_____ FECHA:_____

EJERCICIO Número 31

ACENTUANDO GRAFICAMENTE (TILDANDO) PALABRAS AGUDAS

*Las siguientes palabras son AGUDAS y **TODAS** llevan acento gráfico (tilde). Ponga el acento gráfico (tilde) de tal manera que la letra que lo lleve quede dentro del cuadrito. Recuerde que el acento gráfico se escribe sobre la vocal de la sílaba. Si hubiese más de dos vocales en la sílaba, se escribirá el acento gráfico sobre la fuerte (abierta).*

Ejemplo:	*CANCION*	*canci*	**ó**	*n*
	PATIN	*pat*	**í**	*n*
	TAMBIEN	*tambi*	**é**	*n*

1. LECCION

2. SOFA

3. PARIS

4. AQUI

5. CORDON

6. RINCON

7. PURE

8. JABALI

9. CIPRES

10. PATRON

11. COMUN

12. PAPA

13. INGLES

14. CAFE

15. ADIOS

16. JAMAS

17. RATON

18. QUIZAS

19. ALLI

20. CARBON

21. LEON

22. LADRON

23. ASI

24. FRANCES

25. ALLA

26. PERDON

27. ACA

28. SEGUN

29. AVION

30. CORTES

EJERCICIO Número 32

ACENTUANDO GRAFICAMENTE (TILDANDO) PALABRAS AGUDAS

*Las siguientes palabras son palabras AGUDAS y **TODAS** llevan acento gráfico (tilde). Ponga   el acento gráfico (tilde) de tal manera que la letra que lo lleve quede dentro del cuadrito.*

Ejemplo: *PASION*   pasi | ó | n

  COQUI   coqu | í |

1. ORACION		16. DECIDIO
2. FIGURIN		17. CHARLATAN
3. ASCENCION		18. IRLANDES
4. ALACRAN		19. RELIGION
5. CAMARON		20. ATENCION
6. MELOCOTON		21. ZAPATON
7. EXPLICACION		22. CAPITAN
8. CAFETIN		23. CONCLUSION
9. CONVIRTIO		24. PORTUGUES
10. MERECIO		25. MALETIN
11. ILUSION		26. REVENTON
12. INTERES		27. TUCUMAN
13. SULTAN		28. ADEMAS
14. PANAMA		29. FUNCION
15. OBEDECI		30. ASISTIO

EJERCICIO Número 33

ACENTUANDO GRAFICAMENTE (TILDANDO) PALABRAS AGUDAS

*Las siguientes palabras son palabras AGUDAS y **NO** TODAS llevan acento gráfico (tilde). Ponga el acento gráfico (tilde) de tal manera que la letra que lo lleve quede dentro del cuadrito. Si la palabra **NO** lleva acento gráfico (tilde) escriba una X en el cuadrito.*

Ejemplo: *DIVISION*   *divisi*   **ó**   n

          COMER   *comer*   **X**

1. RELOJ
2. ALGUN
3. MANTEL
4. CAPAZ
5. DESPUES
6. JARRON
7. MENSUAL
8. AJI
9. TRAER
10. CONFIN
11. VIRTUD
12. ACCION
13. VIOLIN
14. METER
15. SERVIR

16. BARON
17. SALIO
18. SALUD
19. VIRIL
20. DORMI
21. PLACER
22. LIMON
23. HOTEL
24. MANI
25. METAL
26. BOMBON
27. SAMUEL
28. SERMON
29. VITAL
30. MURIO

EJERCICIO Número 34

ACENTUANDO GRAFICAMENTE (TILDANDO) PALABRAS AGUDAS

Las siguientes palabras son AGUDAS pero NO TODAS llevan acento gráfico (tilde). Ponga el acento gráfico (tilde) de tal manera que la letra que lo lleve quede dentro del cuadrito. Si la palabra NO lleva el acento gráfico (tilde), escriba una X en el cuadrito.

Ejemplo: *SALON* sal | **ó** | n

PAPEL papel | **x** |

1. ENTREMES

2. PRODUCIR

3. LITERAL

4. OPINION

5. UNIVERSIDAD

6. INDIGESTION

7. MADRIGAL

8. CONVENCION

9. FANFARRON

10. BOGOTA

11. FRIALDAD

12. NUTRICION

13. CARDENAL

14. ESCUADRON

15. CONSTRUCCION

16. EXPLORADOR

17. INMORTALIDAD

18. OPOSICION

19. GUARANI

20. ARRABAL

21. OBEDECIO

22. GIGANTEZ

23. EXPLOSION

24. INTERVENIR

25. DESINTERES

26. HISPANIDAD

27. BANDERIN

28. ARSENAL

29. SALVACION

30. ALGODON

EJERCICIO Número 35

ACENTUANDO GRAFICAMENTE (TILDANDO) PALABRAS GRAVES

Las siguientes palabras son GRAVES y TODAS llevan acento gráfico (tilde). Ponga el acento gráfico (tilde) de tal manera que la letra que lo lleve quede dentro del cuadrito.

Ejemplo: ***FERTIL***   *f* | *é* | *rtil*

   CARCEL   *c* | *á* | *rcel*

1. LAPIZ

2. FUTBOL

3. SANCHEZ

4. MOVIL

5. LOPEZ

6. ANGEL

7. ALBUM

8. FENIX

9. CONDOR

10. FOSIL

11. ASPID

12. MASTIL

13. NUÑEZ

14. CANCER

15. FEMUR

16. NUBIL

17. MARMOL

18. CADIZ

19. FACIL

20. ARBOL

21. CONSUL

22. DOCIL

23. DEBIL

24. TUNEL

25. AMBAR

26. UTIL

27. AGIL

28. DATIL

29. MARTIR

30. NACAR

EJERCICIO Número 36

ACENTUANDO GRAFICAMENTE (TILDANDO) PALABRAS GRAVES

Todas las siguientes palabras son GRAVES y también TODAS llevan acento gráfico (tilde).
Ponga el acento gráfico (tilde) de tal manera que la letra que lo lleve quede dentro del
cuadrito.

Ejemplo: *APOSTOL*   ap | **ó** | stol

          AZUCAR   az | **ú** | car

1. DIFICIL		16. RODRIGUEZ
2. REVOLVER		17. NIQUEL
3. ELIXIR		18. VEROSIMIL
4. MARTINEZ		19. DOLAR
5. BOLIVAR		20. FACIL
6. JIMENEZ		21. ALFEREZ
7. ALCAZAR		22. GRACIL
8. INHABIL		23. GONZALEZ
9. HERNANDEZ		24. ARCANGEL
10. VERSATIL		25. TREBOL
11. ANIBAL		26. AMBAR
12. INUTIL		27. DISIMIL
13. ALMIBAR		28. CESPED
14. CARACTER		29. TUNEZ
15. SUAREZ		30. IBAÑEZ

EJERCICIO Número 37

ACENTUANDO GRAFICAMENTE (TILDANDO) PALABRAS GRAVES

*Las siguientes palabras son GRAVES. **NO** todas llevan acento gráfico (tilde). Ponga el acento gráfico (tilde) de tal manera que la letra que lo lleve quede dentro del cuadrito. Si la palabra NO lleva acento gráfico (tilde), escriba una **X** en el cuadrito.*

Ejemplo: *MARGEN* | X |

PROCER   pr | ó | cer

1. HUESPED		16. HABIL
2. DULCES		17. CLIMAX
3. CLASES		18. CUERDA
4. CRATER		19. TODOS
5. PLUMA		20. BOCAS
6. TEXTOS		21. ANGEL
7. FRAGIL		22. CINTA
8. DIURNO		23. ROBLE
9. MARTIR		24. MANDAN
10. CARCEL		25. VAMOS
11. PEREZ		26. JOVEN
12. CANTAN		27. VIENTRE
13. DUENDE		28. TUNEL
14. JUEGOS		29. LIBRO
15. VIVEN		30. DUERMEN

EJERCICIO Número 38

ACENTUANDO GRAFICAMENTE (TILDANDO) PALABRAS GRAVES

Las siguientes palabras son GRAVES. NO todas llevan acento gráfico (tilde). Ponga el acento gráfico (tilde) de tal manera que la letra que lo lleve quede dentro del cuadrito. Si la palabra NO lleva acento gráfico (tilde), escriba una X en el cuadrito.

Ejemplo: *LECHUGA* — X

DIFICIL — dif í cil

1. RECONOCEN		16. GUTIERREZ	
2. VOLATIL		17. CANCIONES	
3. ESTERIL		18. VIRREYES	
4. ALBAÑILES		19. TORTUGAS	
5. IMBECIL		20. CAFECITO	
6. ADMIRADORES		21. FERNANDEZ	
7. ZORRITO		22. CAMIONES	
8. APOSTOL		23. CAMARONES	
9. CABECERA		24. ROSARIO	
10. CADAVER		25. CREEMOS	
11. PORTATIL		26. HECTOR	
12. ESCRIBAN		27. IZQUIERDA	
13. MELENDEZ		28. ALICATES	
14. VEROSIMIL		29. SOLDADO	
15. MELOCOTONES		30. HIGO	

NOMBRE:_____FECHA:_____

EJERCICIO Número 39

ACENTUANDO GRAFICAMENTE (TILDANDO) PALABRAS ESDRUJULAS

Las siguientes palabras son ESDRUJULAS. De acuerdo con la regla TODAS las palabras esdrújulas llevan acento gráfico (tilde). Ponga el acento gráfico de tal manera que la letra que lo lleve quede dentro del cuadrito.

Ejemplo: **APOSTOLES** ap | **ó** | stoles

SOTANO s | **ó** | tano

1. INDICE
2. DISCIPULO
3. METAFISICO
4. MIERCOLES
5. TELEFONO
6. MUSICA
7. ARTICULO
8. MICROFONO
9. AMERICA
10. NUMERO
11. PRINCIPE
12. CAMARAS
13. BUSCALO
14. LUNATICO
15. METODO

16. DEBILES
17. ESPIRITU
18. REPUBLICA
19. CLINICA
20. LEXICO
21. JIBAROS
22. IDOLO
23. ZANGANO
24. BOTANICA
25. LOGICA
26. HUERFANOS
27. VESTIBULO
28. CARISMATICO
29. TELEGRAFO
30. CORDOBA

55

EJERCICIO Número 40

ACENTUANDO GRAFICAMENTE (TILDANDO) PALABRAS ESDRUJULAS

No todas las siguientes palabras son ESDRUJULAS. De acuerdo con la regla TODAS las palabras esdrújulas llevan acento gráfico (tilde). Ponga el acento gráfico de tal manera que la letra que lo lleve quede dentro del cuadrito. Escriba una X en el cuadrito si la palabra NO es esdrújula.

Ejemplo: *ISABEL* | X |

CANTARO   c | á | ntaro

1. GLANDULA

2. ENCANTADO

3. AVIADORES

4. ORDENES

5. ANONIMO

6. ABANICO

7. BELICO

8. PROJIMO

9. CUBRIMOS

10. INTREPIDO

11. DECREPITO

12. BONITO

13. PLATANOS

14. DIGANOS

15. CRUZAMOS

16. HIGADO

17. ABOGADO

18. ENFASIS

19. ARMONICA

20. TESORO

21. IMAGENES

22. PINTALO

23. LECTORES

24. ANGELES

25. ESCRUPULOS

26. REGALOS

27. PAJAROS

28. DIMELO

29. PATRICIA

30. REGIMEN

EJERCICIO Número 41

ACENTUANDO GRAFICAMENTE (TILDANDO) PALABRAS SOBRESDRUJULAS

Las siguientes palabras son SOBRESDRUJULAS. De acuerdo con la regla TODAS las palabras sobresdrújulas llevan acento gráfico (tilde). Ponga el acento gráfico de tal manera que la letra que lo lleve quede dentro del cuadrito. Recuerde que estas palabras son formas verbales con pronombres pospuestos.

Ejemplo: *TRAIGAMELOS*   tr | **á** | igamelos

1.   DICIENDOMELO

2.   CUENTAMELOS

3.   QUITENSELO

4.   CONTANDOSELO

5.   DEMUESTRASELO

6.   CONSIGUESELA

7.   PRENDANOSLA

8.   COMPRAMELOS

9.   TRAGUESELO

10. ENSEÑESELAS

11. SIRVETELO

12. PLANCHASELO

13. PREGUNTAMELO

14. CUIDAMELO

15. LAVASELA

NOMBRE:_____FECHA:_____

EJERCICIO Número 42

ACENTUANDO GRAFICAMENTE (TILDANDO) PALABRAS SOBRESDRUJULAS

NO todas las siguientes palabras son SOBRESDRUJULAS. Ponga el acento gráfico (tilde) sólo en las palabras sobresdrújulas de tal manera que la letra que lo lleve quede dentro del cuadrito. Escriba una X si la palabra NO lleva acento gráfico.

Ejemplo: *CAMBIASELO*   C | á | mbiaselo

             TENDREMOS | X |

1. LIMPIATELAS

2. PIDEMELO

3. ALCANCEMELO

4. DIGASELO

5. INTERVALO

6. ESCOGIENDOSELO

7. PASEANDOSE

8. SIGNIFICATIVO

9. MEDICAMENTO

10. ABRANOSLA

11. PERIODISMO

12. AUTOMATIZADO

13. BOLEADORAS

14. ASIGNACIONES

15. TOMANDOSELAS

EJERCICIO Número 43

ACENTUANDO GRAFICAMENTE (TILDANDO) PALABRAS AGUDAS, LLANAS, ESDRUJULAS Y SOBRESDRUJULAS.

Escriba las siguientes palabras de tal manera que cada sílaba quede dentro del cuadrito y la sílaba que lleva el acento quede dentro del cuadrito grande. Ponga el acento gráfico en la letra (cuadrito grande) que convenga.

Si la palabra NO lleva acento gráfico (tilde), escríbala de tal manera que NINGUNA de sus sílabas quede dentro del cuadrito grande.

Ejemplo:

SALUDAR | sa | lu | dar |

BOTIN | bo | tín |

1. MAQUINARIA

2. PRESTAMO

3. PIEDAD

4. INQUIETANTE

5. MAQUINA

6. FORMACION

7. ENCENDER

8. PELON

9. CANIBAL

10. VUELVETE

11. MANIQUI

12. BAROMETRO

13. BOCON

14. ATENCIONES

15. DESVAN

16. REMOLER

17. DEMAS

18. LIBERALES

19. DIALECTO

20. ACIDO

21. AUMENTANDO

22. DECLARAR

23. IMPERIAL

24. MULTIPLE

EJERCICIO Número 44

ACENTUANDO GRAFICAMENTE (TILDANDO) PALABRAS AGUDAS, LLANAS, ESDRUJULAS Y SOBRESDRUJULAS.

Escriba las siguientes palabras de tal manera que cada sílaba quede dentro del cuadrito y la sílaba que lleva el acento quede dentro del cuadrito grande. Ponga el acento gráfico en la letra (cuadrito grande) que convenga.
Si la palabra NO lleva acento gráfico (tilde), escríbala de tal manera que NINGUNA de sus sílabas quede dentro del cuadrito grande.

Ejemplo:

FOSFORO — | | | | | **fós** | f o | ro | | |

METIDO — | me | ti | do | | | | | | |

1. HOLGAZAN

2. ESTRECHAN

3. DENTAL

4. CIRCULACION

5. CERAMICA

6. SABOREAR

7. CAMIONES

8. VALVULAS

9. PULGAR

10.	RESTABLECER
11.	BARBARO
12.	INSENSATO
13.	ETNICO
14.	DESNUDEZ
15.	BOTONES
16.	CORONEL
17.	DESECHAMOS
18.	MARIPOSA
19.	HOLANDES
20.	JOVENES
21.	ZAPATERO
22.	ORBITA
23.	DEDICASELA
24.	PEON
25.	QUIMICA

EJERCICIO Número 45

ACENTUANDO GRAFICAMENTE (TILDANDO) PALABRAS AGUDAS, LLANAS, ESDRUJULAS Y SOBRESDRUJULAS.

Escriba las siguientes palabras de tal manera que cada sílaba quede dentro del cuadrito y la sílaba que lleva el acento quede dentro del cuadrito grande. Ponga el acento gráfico en la letra (cuadrito grande) que convenga.

Si la palabra NO lleva acento gráfico (tilde), escríbala de tal manera que NINGUNA de sus sílabas quede dentro del cuadrito grande.

Ejemplo:

PARAMO

				pá	ra	mo		

DIVERTIDO

di	ver	ti	do					

1. ARABE

2. PARENTELA

3. APICE

5. TINIEBLA

4. GRAFICO

6. GAVILAN

7. HONESTIDAD

8. CHIMPANCE

9. MIERCOLES

10. SALUDABLE

11. INDUSTRIAL

12. TABLON

13. SEGURIDAD

14. POTENTISIMO

15. DETRAS

16. CARRIL

17. CASCARA

18. SABOTAJE

19. FRECUENCIA

20. TABLILLA

21. REDACTAR

22. ROCOSO

23. SOBERANO

24. NEUTRALISMO

25. IMAN

EJERCICIO Número 46

ACENTUANDO GRAFICAMENTE (TILDANDO) PALABRAS AGUDAS, LLANAS, ESDRUJULAS Y SOBRESDRUJULAS.

Escriba las siguientes palabras de tal manera que cada sílaba quede dentro del cuadrito y la sílaba que lleva el acento quede dentro del cuadrito grande. Ponga el acento gráfico en la letra (cuadrito grande) que convenga.
Si la palabra NO lleva acento gráfico (tilde), escríbala de tal manera que NINGUNA de sus sílabas quede dentro del cuadrito grande.

Ejemplo:

HONORARIO   ho | no | ra | rio

IDENTICO   i | **dén** | ti | co

1. NOTABLE

2. ANDAR

3. PROPOSITO

4. RODILLA

5. DESAYUNO

6. PRESIDENTE

7. CIRCUNSTANCIA

8. FUERON

9.	AQUI									
10.	NUMERICO									
11.	PAGAMELO									
12.	CARIDAD									
13.	MARITIMO									
14.	TRANSITO									
15.	NATACION									
16.	UTIL									
17.	TEOLOGO									
18.	MAGNETICO									
19.	DIALOGO									
20.	MASCARA									
21.	COMEDIA									
22.	ARCAICO									
23.	QUIMICA									
24.	TARDISIMO									
25.	DISTRAER									

NOMBRE:_____FECHA:_____

EJERCICIO Número 47

ACENTUANDO GRAFICAMENTE (TILDANDO) PALABRAS AGUDAS, LLANAS, ESDRUJULAS Y SOBRESDRUJULAS.

Escriba las siguientes palabras de tal manera que cada sílaba quede dentro del cuadrito y la sílaba que lleva el acento quede dentro del cuadrito grande. Ponga el acento gráfico en la letra (cuadrito grande) que convenga.
Si la palabra NO lleva acento gráfico (tilde), escríbala de tal manera que NINGUNA de sus sílabas quede dentro del cuadrito grande.

Ejemplo:

SALCHICHON — | | | sal | chi | **chón** | | | |

FRITURAS — | fri | tu | ras | | | | | |

1. DESBARATAR

2. MICROFONO

3. MARQUES

4. SIMULTANEO

5. CAFES

6. BUSCAME

7. ATENCIONES

8. SEGUN

67

9. ARRODILLAR

10. HABITOS

11. ORIENTAL

12. HABANERO

13. JICARA

14. AMIGABLE

15. ESPECIE

16. DISPARATE

17. UNICO

18. ULTERIOR

19. ZOCALO

20. COMITE

21. COBARDE

22. BOTONES

23. SELVATICO

24. GUION

25. VIRGEN

EJERCICIO Número 48

ACENTUANDO GRAFICAMENTE (TILDANDO) PALABRAS AGUDAS, LLANAS, ESDRUJULAS Y SOBRESDRUJULAS.

Escriba las siguientes palabras de tal manera que cada sílaba quede dentro del cuadrito y la sílaba que lleva el acento quede dentro del cuadrito grande. Ponga el acento gráfico en la letra (cuadrito grande) que convenga.

Si la palabra NO lleva acento gráfico (tilde), escríbala de tal manera que NINGUNA de sus sílabas quede dentro del cuadrito grande.

Ejemplo:

OLLITA

o	lli	ta						

REQUESON

		re	que	**són**				

ENCHILADAS

en	chi	la	das					

1. DISTINGUIR

2. BAMBU

3. COMISION

4. MANDATO

5. BOTIN

6. SINONIMO

7. CARACOL

8. BOTON

EJERCICIO Número 49

ACENTUANDO GRAFICAMENTE (TILDANDO) PALABRAS AGUDAS, LLANAS, ESDRUJULAS Y SOBRESDRUJULAS.

Ponga el acento gráfico donde sea necesario.

1. Tengo un radio portatil que yo compre hace un mes.

2. Mi hermano esta en Mexico con la familia.

3. Ella me vendio tres anillos que yo guardo aqui.

4. El señor Melendez es primo de Hector Gonzalez.

5. Ayer creo que yo pase el examen de quimica.

6. Esa fortaleza sirvio de carcel en el siglo pasado.

7. Llamame por telefono esta noche.

8. Los arboles del bosque estan muy verdes.

9. Este animal es muy joven. Tendra quiza un año.

10. Agradezco las atenciones que recibi en tu casa.

11. Alli esta el juguete. Compramelo mama.

12. Ningun medico vino a ver a mi tia anoche.

13. Estoy leyendo un articulo interesantisimo.

14. Preguntaselo al señor si vendra esta tarde.

15. Aqui tiene mi perro. Cuidamelo bien.

5.3 ACENTUACION POR HIATO

Se llama **HIATO** al encuentro de dos vocales (dos vocales juntas) que **NO** forman diptongo porque se pronuncian en sílabas diferentes. Es decir que la unión de las vocales es sólo aparente porque no forman una sola sílaba. Estas vocales pertenecen a sílabas diferentes.

El **HIATO** puede ocurrir de dos maneras:

a)   Cuando dos vocales fuertes (abiertas) se juntan, casi siempre se forma **HIATO**.

Ejemplo:

HEROE	hé - r	**O - E**	
CALLAO	Ca - ll	**A - O**	
LEER	l	**E - E**	r

b)   Cuando dos vocales que **NO** son fuertes se juntan y se **PRONUNCIAN** en sílabas distintas, se acentúa gráficamente la vocal débil (cerrada) para indicar que se pronuncian separadamente. Si no se pone el acento gráfico, habrá confusión, pues el lector no sabrá cómo pronunciar la palabra. Sin el acento gráfico habrá una sílaba (diptongo); con el acento habrá dos (hiato).

Observe el contraste en las siguientes palabras:

DIPTONGO (una sílaba)	HIATO (dos sílabas)
HA C**IA** (Voy hacia la playa)	HA - C**I-A** (Hacía sol)
ME - D**IAS** (Me pongo las medias)	ME - D**I-A**S (Medías el baño)
SA - B**IA** (Es una mujer sabia)	SA - B**I-A** (Ella lo sabía)

Recuerde: El acento (tilde) gráfico sirve para indicar que dos vocales contiguas (no fuertes) se deben pronunciar en dos sílabas diferentes.

EJERCICIO Número 50

ACENTUANDO (TILDANDO) GRAFICAMENTE POR HIATO

*Lea los siguientes pares de oraciones cortas. En cada una hay -aparentemente- una misma palabra. Determine por la manera como se pronuncia, cuál lleva el acento gráfico (tilde). Escriba la palabra acentuada (tildada) por **hiato** sobre la línea que convenga.*

Ejemplo: **HACIA** sol en el desierto.   Fuimos **HACIA** la playa.

        hacía   _____

1.   Tener dinero **SERIA** lindo.   Es una mujer **SERIA**.

      _____   _____

2.   Era una persona **SABIA**.   No **SABIA** que decir.

      _____   _____

3.   El jarro está **VACIO**.   Ayer **VACIO** la botella

      _____   _____

4.   ¿Dónde queda **ASIA**?   La madre **ASIA** la cuchara.

      _____   _____

5.   Buscaba una **MEDIA** roja.   Cada mes **MEDIA** al niño.

      _____   _____

6.   Mañana **CONTINUO** con la tarea.   El trabajo **CONTINUO**, enferma.

      _____   _____

7.   El **ROCIO** cubre el prado.   Él **ROCIO** las flores con agua.

      _____   _____

8.   El juez dio su **VENIA**.   Nunca **VENIA** con nosotros.

      _____   _____

9.   La obra **PERPETUA** su fama.   Era una lucha **PERPETUA**.

      _____   _____

EJERCICIO Número 51

ACENTUANDO (TILDANDO) GRAFICAMENTE POR HIATO

En cada par de oraciones cortas hay una palabra que contiene el mismo encuentro de vocales. Determine por el sentido de la oración y por la manera como se pronuncia, cuál lleva el acento gráfico (tilde). Escriba la palabra acentuada (tildada) por __hiato__ sobre la línea que convenga.

Ejemplo: No hay **LLUVIA** hoy. En la primavera **LLOVIA** mucho.

_____ ____llovía____

1. LA **HEROINA** es una droga. Fué una acción **HEROICA**.

   _____ _____

2. Me **AFEITO** cada mañana. La **CAFEINA** me quita el sueño.

   _____ _____

3. La úlcera está en el **DUODENO**. Hacen un buen **DUO**.

   _____ _____

4. La **RIENDA** es para el caballo. Siempre se **RIEN** de mí.

   _____ _____

5. ¿Quién fue el **TRAIDOR**? La **RAIZ** estaba podrida.

   _____ _____

6. No **OISTE** el sonido. No **OIGO** nada.

   _____ _____

7. Lo mandó por **VIA** marítima. Es un **VIAJE** largo.

   _____ _____

8. Quiero que **ACENTUE** la vocal. Fue un **ENCUENTRO** inolvidable.

   _____ _____

9. El **SAUCO** es un arbusto. El **SAUCE** es un árbol.

   _____ _____

EJERCICIO Número 52

ACENTUANDO (TILDANDO) GRAFICAMENTE POR HIATO

Escriba sobre la línea la palabra que lleva el acento gráfico (tilde) por **HIATO**. *Si la palabra no lleva acento gráfico (tilde) escriba una* **X** *sobre la línea.*

Ejemplo:	**SOFIA**	Sofía
	FRAILE	x

1.	CREIDO	_____	16.	MAIZ	_____
2.	ESCRIBIA	_____	17.	JUDAISMO	_____
3.	FANTASIA	_____	18.	NEUTRO	_____
4.	PATRIA	_____	19.	BRAVIO	_____
5.	CAIDA	_____	20.	GENIO	_____
6.	RUBIES	_____	21.	CAUSA	_____
7.	DIA	_____	22.	GRUA	_____
8.	EGOISMO	_____	23.	ARMONIA	_____
9.	LIO	_____	24.	PUEBLO	_____
10.	CATEGORIA	_____	25.	DIOS	_____
11.	RUIDO	_____	26.	IRIAMOS	_____
12.	POLICIA	_____	27.	PARAISO	_____
13.	CAIN	_____	28.	NEUROLOGIA	_____
14.	DESCONFIO	_____	29.	CUATRO	_____
15.	OIR	_____	30.	SUPREMACIA	_____

EJERCICIO Número 53

ACENTUANDO (TILDANDO) GRAFICAMENTE POR HIATO

Escriba sobre la línea la palabra que lleva el acento gráfico (tilde) por **HIATO**. *Si la palabra no lleva acento gráfico (tilde) escriba una* **X** *sobre la línea.*

Ejemplo: **MATERIAL**   __X__

                   CATEGORIA   _categoría_

1.	VIDRIO	_____	16.	VERIA	_____
2.	TARDIO	_____	17.	TRAIDOR	_____
3.	FARMACIA	_____	18.	SIETE	_____
4.	LICENCIA	_____	19.	LABIO	_____
5.	CALORIA	_____	20.	PODRIA	_____
6.	ATEISTA	_____	21.	RECAIDA	_____
7.	ACEITE	_____	22.	ABUNDANCIA	_____
8.	DESVIO	_____	23.	OIDO	_____
9.	CALENDARIO	_____	24.	HEROICO	_____
10.	SERVICIO	_____	25.	TRANSEUNTE	_____
11.	HISTORIA	_____	26.	VALENTIA	_____
12.	GROSERIA	_____	27.	CALIFORNIA	_____
13.	ENVIDIA	_____	28.	ZOOLOGIA	_____
14.	MONOTEISTA	_____	29.	NUEVE	_____
15.	PLEITO	_____	30.	SANDALIA	_____

EJERCICIO Número 54

ACENTUANDO (TILDANDO) GRAFICAMENTE POR HIATO

*Escriba sobre la línea la palabra que lleva el acento gráfico (tilde) por **HIATO**. Si la palabra no lleva acento gráfico (tilde) escriba una **X** sobre la línea.*

Ejemplo: **CONCIENCIA**   ___X___

                 CARNICERIA   carnicería

1.	PAISANO	_____	16.	ARRUINADO
2.	ARCAISMO	_____	17.	PICARDIA
3.	DESAFIO	_____	18.	GUIA
4.	DEMONIO	_____	19.	OIGAMOS
5.	BOHIO	_____	20.	ENCIA
6.	DISTRAIDO	_____	21.	NOVIO
7.	NERVIOSO	_____	22.	AFICIONADO
8.	ALEGORIA	_____	23.	ARMONIA
9.	FUNERARIA	_____	24.	TRAVESIA
10.	HIPOCRESIA	_____	25.	COCAINA
11.	FUISTE	_____	26.	GUANTES
12.	ABUNDANCIA	_____	27.	ARCAICO
13.	RECIPIENTE	_____	28.	JUICIO
14.	RUIDO	_____	29.	SALIENDO
15.	TIEMPO	_____	30.	REMEDIO

5.4   ACENTO DIACRITICO

Las palabras que tienen igual forma (que se escriben igual), pero que tienen distinta significación, son palabras **HOMONIMAS**. Ejemplo, la palabra **LIMA** puede significar la herramienta que se usa para pulir las asperezas de la madera o metal o también la fruta cítrica. En la mayoría de los casos el significado de estas palabras se obtiene del tema tratado (o contexto), que ayuda a determinar el significado de la palabra.

Sin embargo, algunos **MONOSILABOS** pueden causar confusión por su parecido. Para diferenciarlos se usa el acento gráfico (tilde) en una de ellas. A este acento diferenciador se le conoce con el nombre de **DIACRITICO**.

5.5   ACENTO DIACRITICO: MONOSILABOS

Nº	CON ACENTO (TILDE)	SIN ACENTO (TILDE)	EJEMPLOS
1	**TÉ** - Sustantivo. Líquido que se bebe en infusión.	**TE** - Pronombre personal Se refiere a una persona. Letra del alfabeto (T).	¿**Te** sirven **té** o café? **Te** llamo cuando termine de tomar mi **té**. Después de la letra **ese** sigue la **te**.
2	**TÚ** - Pronombre personal. Se refiere a una persona.	**TU** - Adjetivo posesivo. Indica posesión de un sustantivo.	**Tú** tienes frío, pero **tu** perro parece no tenerlo. Para que **tú** entres, tienes que tener **tu** llave.
3	**ÉL** - Pronombre personal. Se refiere a una persona del sexo masculino.	**EL** - Artículo. Precede al nombre o sustantivo.	Para que **él** llegue al pueblo, **él** tiene que cruzar **el** puente sobre **el** río San Juan.
4	**SÍ** - Adverbio de afirmación. -Forma reflexiva del pronombre personal.	**SI** - Conjunción que denota condición; expresa duda. - Nota musical.	¿Vas al cine? **Sí** voy. Pero **si** llueve salimos más temprano. Él lo hizo por **sí** mismo.
5	**MÍ** - Pronombre personal. Se refiere a una persona.	**MI** - Adjetivo posesivo. Indica posesión de sustantivo. - Nota musical.	Para **mí**, **mi** perro es **mi** mejor amigo. **Mi** cepillo de dientes es sólo para **mí**.

6 **DÉ** - Del verbo dar.	**DE** - Preposición. - Letra del alfabeto (**D**).	Ojalá que él me **dé** su reloj **de** oro. Antes **de** la letra **e** viene la **de**.
7 **SÉ** - Del verbo saber. - Del verbo ser.	**SE** - Pronombre.	Yo **sé** que él **se** sacó la lotería. ¡Por favor, niño, **sé** bueno!
8 **MÁS** - Adverbio comparativo. Significa exceso.	**MAS** - Conjunción. Su significado se puede intercambiar con **PERO**.	Te voy a dar **más** dinero, **mas** será la última vez.
9 **SÓLO** - Cuando significa únicamente, solamente.	**SOLO** -Sin compañia. - Musicalmente: solo de violín, etc.	**Sólo** haré este trabajo por dinero, pero tengo que hacerlo **solo**.
10 **AÚN** - Cuando significa todavía.	**AUN** -Cuando significa hasta, también, inclusive.	**Aun** Luis, que siempre es puntual, no ha llegado **aún**. ¿Qué habrá

pasado?

EJERCICIO Número 55   ACENTO DIACRITICO

*En las siguientes oraciones hay dos palabras que tienen debajo un cuadrito. Escriba en el cuadrito que convenga la palabra que lleva el acento (tilde) diacrítico. Escriba una **X** en el cuadrito debajo de la palabra que NO lleve el acento (tilde) diacrítico.*

Ejemplo:

Si me das el si, te doy un beso.

X	sí

1. Te invito a tomar una taza de te.

2. ¿Te has tomado todo el te?

3. Te decía que me gusta tanto el te y no el café.

4. Te estoy preguntando si compraste el te.

5. Cuando tu quieras vamos al cine con tu amiga.

6. Dame tu palabra de honor que tu no se lo dirás.

7. ¿Por qué tu no fuiste a ver a tu familia anoche?

8. Tu eres el único que conozco de tu familia.

9. El profesor de español me dió este libro para el.

10. Hablé con el y me dijo que el carburador estaba descompuesto.

11. Imagínese, el día de su boda el no apareció.

12.   Me dijo que a el no le importaba el dinero.

13.   Si fuera más barato, si que lo compraría.

14.   Dime, ¿si fuera la verdad, me dirías que si?

15.   Si, lo hizo por si misma, sin ayuda de nadie.

16.   Si no llueve mucho, si que vengo mañana.

17.   Ella me ama por mi mismo y no por mi dinero.

18.   A mi me importa mucho mantener mi palabra.

19.   Los besos de mi novia son siempre para mi.

20.   Hasta mi mejor amigo hablaba contra mi.

21.   Por favor, de esta carta a la esposa de Carlos.

22.   Quiere que yo le de el dinero al empleado de la compañía.

23.   De cuando en cuando, de una miradita al niño.

24.   Dele este regalo al primo de Antonio.

25.   A el le gusta menos el vino que la cerveza.

EJERCICIO Número 56 ACENTO DIACRITICO

En las siguientes oraciones hay dos palabras que tienen debajo un cuadrito. Escriba en el cuadrito que convenga la palabra que lleva el acento (tilde) diacrítico. Escriba una X en el cuadrito debajo de la palabra que NO lleve el acento (tilde) diacrítico.

Ejemplo:　　　**Yo se que ella se casó con un médico.**

sé	X

1.　Pedrito, se bueno y busca el dinero que se me perdió.

2.　Yo no se de qué se trata.

3.　Ya se sabe que no se debe fumar en el aula.

4.　Te invitaré mas adelante, mas no a mi casa.

5.　Debe haber sucedido algo mas, mas no quise enterarme.

6.　No puedo comer mas, mas haré un esfuerzo.

7.　Una vez mas lo ha perdonado, mas no creo que olvidará lo que hizo.

8.　Solo una persona me ofreció un solo consejo.

9.　Me quedé completamente solo y solo por ser tan obstinado.

10.　¿Es verdad que solo Juan llegó a la fiesta solo?

11.　Solo nos gusta el solo de violín.

12.   ¿No ha llegado aun Teresa? No te preocupes; aun hay tiempo.
        [____]   [____]

13.   Aun María, que hace todo rápidamente, no lo ha hecho aun.
        [____]   [____]

14.   Para mi cumpleaños me compraron un televisor grande para mi.
            [____]   [____]

15.   Después de todo yo se que ella se fue al baile con Jaime.
                    [____]   [____]

16.   Hágame un favor y de este libro de francés a la profesora .
                    [____]   [____]

17.   Hablé con Francisco y el me dijo que había comprado el coche.
                        [____]   [____]

18.   Dígale al cocinero que a mi me gusta mi sopa bien caliente.
                        [____]   [____]

19.   Si vienes a mi casa te voy a dar un te inglés especial.
                        [____]   [____]

20.   Yo no entiendo por qué tu no quieres llevar tu abrigo.
                        [____]   [____]

EJERCICIO Número 57 ACENTO DIACRITICO

Las siguientes oraciones contienen dos palabras que tienen debajo un cuadrito. Escriba en el cuadrito que convenga la palabra que lleva el acento (tilde) diacrítico. Escriba una X en el cuadrito debajo de la palabra que NO lleve el acento (tilde) diacrítico.

Ejemplo: **Mi sobrina compró un regalo para mi.**

$\boxed{\text{X}}$ $\boxed{\text{mí}}$

1.   Vete de aquí, solo quiero quedarme solo en mi cuarto.

2.   Quiero saber si te tomaste el te que estaba en la mesa.

3.   De todas maneras, no le de permiso a ese fanfarrón.

4.   Me dijeron que aun María, que siempre llega puntualmente, aun no ha llegado.

5.   No miento, tu luces joven para tu edad.

6.   Si tuviera dinero, si que me gustaría viajar.

7.   Finalmente encontró el traje que buscaba para el.

8.   Mas no podía correr, mas hizo un gran esfuerzo para llegar a la meta.

9.   Se que en esta tienda se habla inglés.

10.   ¿Cómo puedes tu explicar tu comportamiento?

11. Si no fuera por ustedes, si que me hubiera ido de esta casa.
    [ ]   [ ]

12. Te daría veinte pesos, mas ahora no puedo. Quizá mas tarde.
              [ ]   [ ]

13. Quiere saber si le llevaste el regalo a el.
              [ ]   [ ]

14. Aun enfermo, Juan aun quería estar con sus amigos.
    [ ]   [ ]

15. Espérame, te llevo el te a la terraza.
              [ ]   [ ]

16. Yo no se si ella se tiñe el pelo.
         [ ]   [ ]

17. A mi no me importa lo que hizo mi tío.
    [ ]   [ ]

18. Yo se que ellos no se hablan todavía.
    [ ]   [ ]

19. Le gritaban que continuara, mas el atleta no pudo mas.
                   [ ]   [ ]

20. Te invitaron a tomar te a las cuatro.
    [ ]   [ ]

5.6   ACENTO DIACRITICO   ¿Por qué?, porque, porqué, por que

¿POR QUÉ?	PORQUE PORQUÉ POR QUE	EJEMPLOS
¿POR QUÉ?	Se acentuará y escribirá separadamente en todos los casos interrogativos (preguntas).	¿**Por qué** no vienes a la fiesta? El inspector preguntó **por qué** no se hacían las reparaciones. Se le contestó que por falta de dinero.
PORQUE	Conjunción causal. Explica la causa (respuesta) de la oración principal (pregunta). Equivalente a pues, ya que.	¿Por qué no estudió para el examen? **Porque** estuve muy enfermo.
PORQUÉ	Equivale a causa, razón o motivo. Es un sustantivo y va precedido de artículo.	Quiero saber ahora mismo el **porqué** de tu conducta.
POR QUE	Encuentro accidental de por y que. Por ejemplo: Yo rezo por que el Señor me conceda buena salud. La preposición por va unida al verbo rezar (rezo por) y "que" precede al verbo conceda. Que puede ser equivalente a el cual, la cual, los cuales, las cuales.	Estoy **por que** el secretario renuncie. Ese es el motivo **por que** no vinimos a tu fiesta.

DEMOSTRATIVOS: ÉSTE   ÉSE   AQUÉL

	CON ACENTO (TILDE) GRAFICO	SIN ACENTO(TILDE) GRAFICO	EJEMPLOS
ÉSTE ÉSTA ÉSTOS ÉSTAS ÉSE ÉSA ÉSOS ÉSAS	Estas palabras generalmente se escriben CON acento gráfico (tilde) cuando cumplen función de pronombres (palabras que sustituyen al nombre) Ejemplo: -Este perro es mío; éste, (perro) no. -Mi llave es ésa (llave).	Estas palabras se escriben SIN acento gráfico (tilde) cuando son adjetivos (palabras que determinan a un sustantivo). A diferencia de las palabras que son acentuadas gráficamente (columna de la izquierda), estas palabras NO sustituyen a un nombre (no son pronombres) sino que se juntan al nombre para determinarlo.	Estos libros son antiguos, pero éstos son muy nuevos. Estas sillas fueron hechas en el siglo XIX, pero éstas acaban de salir de la fábrica. Aquellos muchachos se divierten mucho bailando mientras que éstos parecen estar aburridos.
AQUÉL AQUÉLLA AQUÉLLOS AQUÉLLAS	En ambos ejemplos,(éste y ésa) las palabras aparecen acentuadas porque están en lugar de perro y llave respectivamente.	Ejemplo: María tiene este libro. NO hay acento en este porque no remplaza a libro. Yo tengo estos zapatos.	-Digo que estos libros son míos y que ésos son tuyos.

EJERCICIO Número 58

ACENTO DIACRITICO: por qué, porque, porqué, por que

Escriba en el cuadrito la forma que convenga según el sentido de la oración.

Ejemplo: **(por qué, porque, porqué, por que)**

¿ | Por qué | me llamas tan tarde?

(por qué, porque, porqué, por que)

| Porque | tuve un accidente.

(por qué, porque, porqué, por que)

1.   Pregúntale al chico [   ] llegó tarde.

(por qué, porque, porqué, por que)

2.   ¿ [   ] no invitamos al presidente?

(por qué, porque, porqué, por que)

3.   Nadie sabe el [   ] del delito.

(por qué, porque, porqué, por que)

4.   Después me preguntó: ¿ [   ] vas a la universidad?

(por qué, porque, porqué, por que)

5.   Llamaron al médico [   ] el abuelo se sentía muy mal.

(por qué, porque, porqué, por que)

6.   Cuando lo explicaron nuevamente me di cuenta del [   ]

no lo habíamos entendido la primera vez.

(por qué, porque, porqué, por que)

7. Me voy [   ] mis padres me están esperando.

(por qué, porque, porqué, por que)

8. Dime la verdad: ¿[   ] no me quieres?

(por qué, porque, porqué, por que)

9. Ella se inclina [   ] no venga.

(por qué, porque, porqué, por que)

10. Oraba [   ] Dios le diera salud.

(por qué, porque, porqué, por que)

11. No voy a visitarte [   ] tengo gripe.

(por qué, porque, porqué, por que)

12. No tengo idea del [   ] de su decisión.

(por qué, porque, porqué, por que)

13. No sé [   ] no te habló cuando te vio.

(por qué, porque, porqué, por que)

14. Te explicaré cuando llegues el motivo [   ] no te llamé.

(por qué, porque, porqué, por que)

15. Se impacienta [   ] llegue su mamá.

(por qué, porque, porqué, por que)

16. Se moría [   ] lo aceptara como su novio.

EJERCICIO Número 59

ACENTO DIACRITICO.   **DEMOSTRATIVOS**

*Las siguientes oraciones contienen dos usos del demostrativo (**este, ese, aquel**). Uno corresponde al adjetivo y el otro al pronombre. Debajo de cada uno de ellos hay un cuadrito. Escriba en el cuadrito que convenga la palabra que lleva el acento (tilde) diacrítico. Escriba una X en el cuadrito debajo de la palabra que NO lleva el acento (tilde) diacrítico.*

Ejemplo: **Este señor es chileno y este es mexicano.**

$$\boxed{\text{X}} \qquad\qquad \boxed{\text{éste}}$$

1.   Me regaló este cuadro, pero yo quería ese.

2.   Si esta es la mía, ¿de quién es esta cartera?

3.   Esta catedral es más grande, pero esta es más bonita.

4.   Goya pintó estos cuadros, pero no esos.

5.   No, llévate estos porque esos aguacates están verdes.

6.   Estas palabras son latinas y estas son griegas.

7.   Voy a pagar estas mientras tú te pruebas estas camisas.

8.   Lo dijo ese señor y ese lo confirmó.

9.   ¿De dónde viene ese? -¿Ese?- Ese chico viene de Honduras.

10.   Mi prima es esa muchacha, pero esa es sólo mi amiga.

11.   Yo vivo en esa ciudad y mis tíos viven en esta.
        [ ]   [ ]

12.   Esos recibos son suyos y esos son míos.
        [ ]   [ ]

13.   Tráigame esos porque estos discos no sirven.
        [ ]   [ ]

14.   Mira, esas corbatas son verdes, pero aquellas son rojas y chillonas.
        [ ]   [ ]

15.   Si querías esas, ¿por qué compraste estas flores?
        [ ]   [ ]

16.   Cortó este árbol y este y este, pero aquel se libró del hacha.
        [ ]   [ ] [ ]   [ ]

17.   ¿Qué traje quieres, aquel o este?
        [ ] [ ]

18.   Esta me gusta, pero esa canción es bonita también.
        [ ]   [ ]

19.   No recuerdo a aquellas chicas, pero sí me acuerdo de estas.
        [ ]   [ ]

20.   Leí aquellos libros, pero esos, no.
        [ ]   [ ]

21.   Aquellos anteojos son tuyos, aquellos son míos.
        [ ]   [ ]

22.   Rivera prefiere aquellas poesías y Fernández estas.
        [ ]   [ ]

23.   Estas faldas son maxi, pero aquellas son mini.
        [ ]   [ ]

24.   Tengo que hacer esta tarea para mañana, pero esta puede esperar hasta el lunes.
        [ ]   [ ]

25.   Esta es muy grande, ¿no crees? Esa blusa me parece mejor.
        [ ]   [ ]

EJERCICIO Número 60

ACENTO DIACRITICO   DEMOSTRATIVOS

*Las siguientes oraciones contienen dos usos del demostrativo (**este, ese, aquel**). Uno corresponde al adjetivo y el otro al pronombre. Debajo de cada uno de ellos hay un cuadrito. Escriba en el cuadrito que convenga la palabra que lleva el acento (tilde) diacrítico. Escriba una X en el cuadrito debajo de la palabra que NO lleva el acento (tilde) diacrítico.*

Ejemplo: Compró estos dulces, pero no esos.

$$\boxed{\textbf{X}} \qquad \boxed{\textit{ésos}}$$

1.   No conozco a esa señora, pero a esa, sí.

$$\square \qquad \square$$

2.   Yo sé que aquel tren llega hasta Los Angeles, pero de ese no sé nada.

$$\square \qquad \square$$

3.   Roberto quiso comprar aquel, aunque su esposa hubiera preferido este coche.

$$\square \qquad \square$$

4.   ¿De quién es este? Creo que ese cuaderno es de la profesora.

$$\square \qquad \square$$

5.   Este edificio es el más bonito mientras que aquel es el más alto.

$$\square \qquad \square$$

6.   Aquel está muy lejos, por eso deberías quedarte en este hotel hasta mañana.

$$\square \qquad \square$$

7.   Después de todo, aquella estaba confusa y ninguno de estos estudiantes la entendía.

$$\square \qquad \square$$

8.   ¿Por qué no me trae esos, ya que usted sabe que no me gusta estos zapatos?

$$\square \qquad \square$$

9.   Es cierto que esta es la mejor alumna mientras que ese chico es el peor de la clase.

$$\square \qquad \square$$

10.   Mira, ¿no te encanta este traje más que ese?

$$\square \qquad \square$$

11. Me dijeron que esos libros eran de Juan y estos eran tuyos.

12. Mira esta foto, ¿no es mejor que esta?

13. Esta maleta es pesada, llévate esa que es más pequeña.

14. No quiere estos zapatos, sino aquellos.

15. Aquellos son de la alumna, pero estos papeles son del profesor.

16. Encontré estas plumas aquí y aquellas en el escritorio.

17. Me dijo que aquel traje es caro, pero este es barato.

18. Vamos a ver aquella película porque esta no me gusta.

19. Dicen que esta computadora es mejor que esa.

20. Mira estas y dime si no te gustan más que aquellas flores.

ÉSTE, ÉSTA, ÉSTOS, ÉSTAS   (vs.) AQUÉL, AQUÉLLA, AQUÉLLOS, AQUÉLLAS

Hay un uso especial de los pronombres demostrativos que conviene ser estudiado aparte.

Obsérvese las siguientes oraciones:

Juan es rubio y Pedro es moreno.   Éste es rico, pero aquél es pobre.
Juana y María son morenas y Luis es moreno.   Éste es rico, pero aquéllas son pobres.

Como se puede ver éste y aquél (con sus plurales y femeninos) llevan acento (tilde) diacrítico. Su uso es específico para referirse a personas o cosas previamente nombradas (antecedentes). Éste (ésta, éstos, éstas) se usa para referirse al último nombrado, y aquél (aquélla, aquéllos, aquéllas) al primero nombrado.

Pedro es rubio y Juan es moreno. Éste es pobre y aquél es rico.

Éste = Juan   Aquél = Pedro

Nombre_____   Fecha_____

EJERCICIO Número 61

ACENTO DIACRITICO. ÉSTE, ÉSTA, ÉSTOS, ÉSTAS vs. AQUÉL, AQUÉLLA, AQUÉLLOS, AQUÉLLAS

Las siguientes oraciones contienen el uso de <u>éste</u> *(con sus femeninos y plurales) vs.* <u>aquél</u> *(con sus femeninos y plurales). Escriba en el espacio designado el nombre a que se refiere* *éste y aquél.*

Ejemplo: *Octavio Paz y Camilo José Cela son escritores premiados con el Nobel; éste es español, aquél mexicano.*

<u>éste:</u>   <u>Camilo José Cela</u>

<u>aquél:</u>   <u>Octavio Paz</u>

1.   "El Buscón" y "El Lazarillo de Tormes" son dos novelas picarescas; ésta de autor desconocido, aquélla de Quevedo.

ésta:_____

aquélla:_____

2.   Los iniciadores de la Reforma protestante fueron Lutero y Calvino; éste en Suiza, aquél en Alemania.

éste:_____

aquél:_____

3.   Dos obras maestras del Siglo de Oro son "La vida es sueño" y "El Burlador de Sevilla"; ésta de Tirso de Molina, aquélla de Calderón de la Barca.

ésta:_____

aquélla:_____

4.   Pío Baroja y Azorín pertenecen a la Generación de 1898; éste ensayista, aquél novelista.

éste:_____

aquél:_____

5.   Los cuadros del Greco son muy distintos a los de Goya; éstos son realistas, aquéllos son religiosos.

éstos:_____

aquéllos:_____

6.   Durante la Restauración se formaron dos partidos políticos; uno dirigido por Antonio Cánovas, el otro por Sagasta; éste era liberal, aquél conservador.

éste:_____

aquél:_____

7.   El primer viaje alrededor de la tierra fue llevado a cabo por Fernando de Magallanes y Juan Sebastián Elcano; éste era vasco, aquél portugués.

éste:_____

aquél:_____

8.   En 1822 los dos grandes libertadores de Sudamérica, Bolívar y San Martín, se encontraron en Guayaquil; éste llegó victorioso del sur, aquél del norte.

éste:_____

aquél:_____

9.   Dos grandes poetisas del idioma español son Gabriela Mistral y Rosalía de Castro; ésta gallega, aquélla chilena.

ésta:_____

aquélla:_____

10. Pablo Neruda y Gabriel García Márquez recibieron el Premio Nobel de literatura; éste por su novela, aquél por su poesía.

éste:_____

aquél:_____

11. Dos reyes de España fueron Carlos III y Carlos I; éste de la casa de Habsburgo, aquél de la casa de Borbón.

éste:_____

aquél:_____

5.9 PALABRAS INTERROGATIVAS Y EXCLAMATIVAS

Las palabras que tienen sentido interrogativo (preguntas) o exclamativo (expresiones fuertes del ánimo o afecto) llevan acento ortográfico (tilde).

	Interrogativo (pregunta) con acento gráfico (tilde).	Exclamativo (expresion de animo) Con acento gráfico (tilde).	No es interrogativo ni exclamativo. Sin acento gráfico (tilde).
QUÉ QUE	¿Qué haces? Dime qué comes.	¡Qué bueno eres!	Tengo que trabajar esta tarde.
CUÁL CUAL	¿Cuál es el perro tuyo? No sabemos cuál es tu coche.	¡Con cuál abusan!	Tengo una amiga, la cual vive en otra ciudad.
QUIÉN QUIEN	¿Quién hace ese ruido? No sabemos quién lo hizo.	¡Quién tuviera un millón! ¡Quién pudiera hacerlo!	El hombre, quien era dueño de la tienda, salió de su casa.
CUÁNTO CUANTO	¿Cuánto dinero te cobraron? ¿Cuánta plata ganaste?	¡Cuánta gente! ¡Cuánto dinero!	En cuanto venga te aviso.
CUÁNDO CUANDO	¿Cuándo llegó? No sé cuándo volverá.	¡Cuándo terminaré!	Cuando él llegue te llamo.
CÓMO COMO	¿Cómo se llega a la playa? No sé cómo se metió ese ratón.	¡Cómo haces eso! ¡Cómo hablas así!	Como no tuve tiempo lo dejé así.
DÓNDE DONDE	¿Dónde están mis zapatos? No entiendo dónde puede estar.	¡Dónde estará! ¡Dónde morirá!	En la casa donde ella vive no hay luz eléctrica.

5.10   ACENTUACION ESPECIAL

<u>LA CONJUNCION "O"</u>

La conjunción disyuntiva **"O"** lleva acento cuando está entre cifras (números) para evitar confusión.

Ejemplo: 20 ó 30   -   3 ó 4   -   83 ó 94

<u>PALABRAS COMPUESTAS</u>

Las palabras compuestas no llevan acento gráfico en el primer elemento. El acento gráfico (tilde) se pierde o elimina en el primer componente de palabras compuestas:

Ejemplo: **así + mismo = asimismo**

El acento gráfico en <u>**así**</u> quedó eliminado

Ejemplo: **balón + cesto = baloncesto**

El acento gráfico en <u>**balón**</u> quedó eliminado.

Sin embargo, si la palabra se escribe con un guión intermedio, las palabras componentes conservan sus acentos gráficos

Ejemplo: **soviético-inglés - histórico-crítico.**

<u>ADVERBIOS TERMINADOS EN MENTE</u>

Los adverbios terminados en <u>**MENTE**</u> conservan el acento de los adjetivos de los que se derivan.

Ejemplo: **fácil + mente = fácilmente**
                        difícil + mente = difícilmente

5.11   NOTAS SOBRE ACENTUACION GRAFICA

Los monosílabos no se acentúan gráficamente (tildan) a excepción de los que están sujetos a las reglas del acento diacrítico (**ver 5.5**).
Antes se acentuaban palabras como fue, fe, di, vio, bien, etc. Las nuevas normas de acentuación gráfica declaran estos acentos innecesarios.

Generalmente no se acentúan gráficamente (tildan) las palabras escritas en letras mayúsculas. Escribir el acento en las palabras escritas en letras mayúsculas, **NO** es, sin embargo, incorrecto sino potestativo.

Ejercicio Número 62

ACENTO DIACRITICO: INTERROGATIVOS Y EXCLAMATIVOS

Haga un círculo alderedor de la palabra que esté correctamente acentuada (tildada).

Ejemplo: Quiero hacerlo (como) - cómo tú dices

1.   ¿Qué - Que comes con tanto gusto?

2.   Ahora dile a tu mamá qué - que hacías en el jardín.

3.   ¿En qué - que estás pensando?

4.   Tuvimos qué - que preguntarle qué - que hacía con ellos.

5.   ¿Cual - Cuál es el mejor producto?

6.   Tenemos dos abuelos los cuales - cuáles viven en el campo.

7.   Mi hermana tiene un amigo, el cual - cuál estudia ingeniería.

8.   ¿Cuáles - Cuales son los libros de tu hermano?

9.   ¿Quién - Quien tocó a la puerta?

10.   No sabía quien - quién lo había llamado.

11.   El pintor, quién - quien había pintado ese cuadro, llegó.

12.   ¡Quién - Quien tuviera un millón!

13.   ¡Cuánto - Cuanto dinero tienes!

14.   ¿Cuanto - Cuánto ha costado ese coche?

15.   Lo llamaré en cuanto - cuánto llegue.

16.   Le pregunté cuántos - cuantos años tenía.

17.   Se lo diré cuando - cuándo llegue.

18.   No saben cuándo - cuando volverán de la playa.

19.   No sabes cuándo - cuando se va a graduar.

20.   ¿Cuándo - Cuando vas a aprender la química?

21.   ¿Cómo - Como se abre esta puerta?

Nombre _____ Fecha _____

EJERCICIO Número 63

*Vuelva a escribir sobre la línea la forma u oración poniendo los acentos gráficos (tildes) sobre las palabras que lo requieran por acentuación especial. Si las palabras **NO** llevan acento gráfico escriba una X sobre la línea.*

Ejemplo:

LO HICE FACILMENTE <u>Lo hice fácilmente</u>

ELLA CAMINA LENTAMENTE _____ X _____

1.   HAY TRES O CUATRO PERROS   _____

2.   COMPRAMOS 3 O 4 JUGUETES   _____

3.   VIAJO EN EL COCHE-SALON   _____

4.   SALTA AGILMENTE   _____

5.   EXPERIMENTO FISICO-QUIMICO   _____

6.   TENGO 6 O 10 PESOS   _____

7.   ES UN IBEROAMERICANO   _____

8.   JUEGA BALONCESTO   _____

9.   LA CIUDAD RIOPLATENSE   _____

10.   EL DECIMOSEPTIMO LUGAR   _____

11.   HABLA DESCORTESMENTE   _____

12.   ARABE-AMERICANO   _____

13.   ES DE ORIGEN MEXICO-AMERICANO   _____

14.   UN POEMA EPICO-HISTORICO   _____

15.   LE HICIERON UN ENCEFALOGRAMA   _____

6.1   ORTOGRAFIA DEL FONEMA "B"

El fonema **B** se representa gráficamente en español con las letras **B** y **V**. Es decir que no existe ninguna diferencia notable de pronunciación entre las dos letras, **B** y **V**, lo que complica la ortografía de estas dos letras.

A continuación **algunas** reglas que pueden ayudar a escribir correctamente las palabras que contienen estas letras.

6.2   ORTOGRAFIA DE LA LETRA "B"

1. Se escribe **B** después de **M**, o sea la combinación **MB.**

    Ejemplo: Ta**MB**o, co**MB**ate, sie**MB**ra, etc.

    (Se escribe con **V** la combinación **NV** -i**NV**itación-).

2. Antes de cualquier consonante se escribe **B** (obscuro). Las combinaciones **BL** (**BL**usa), y **BR** (**BR**azo) son muy comunes en castellano.

3. Se escriben con **B** los imperfectos del indicativo de los verbos de la primera conjugación (**AR**).

    Ejemplo: salt**ABA**, llor**ABA**s

    Los verbos de la primera conjugación son los infinitivos terminados en **AR** como habl**AR**, cant**AR**, llor**AR**, etc.

    El imperfecto de los verbos regulares terminados en **AR** se forma añadiendo el sufijo **ABA** a la raíz del verbo.

    Ejemplo:

RAIZ	**SUFIJO DEL INFINITIVO**
trabaj	AR

RAIZ	**SUFIJO DEL IMPERFECTO**
trabaj	**ABA**

    El sufijo del imperfecto **SIEMPRE** se escribe con **B** en cualquiera de sus formas.

    Ejemplo: llor**ABA**, llor**ABA**mos, llor**ABA**n, etc.

    IBA imperfecto del verbo **IR**, también se escribe con **B**.

    Ejemplo: **IBA**s, **IBA**mos, etc.

4. Se escriben con **B** muchas formas (inflexiones y voces) de muchos verbos terminados en **BER** y **BIR**.

Ejemplo: caBER, reciBIR, escriBIR

ESCRIBIR - escribano, escribía, escribidor, escribiente, escribanía, etc.

Hay tres excepciones importantes **VIVIR, SERVIR y HERVIR** que se escriben con **V.**

Ejemplo: Vivimos, vivían, viviente, vividor,

serviste, servían, servil, sirviente,

hervimos, hirviendo, hervidor.

EJERCICIO Número 64 (combinación **MB**)

*Busque 10 palabras que contengan la combinación **MB** y escríbalas de tal manera que la combinación quede dentro del cuadrito. Recuerde que después de **M** siempre se escribe **B**, nunca V.*

Ejemplo:

MAMBO   MA | MB | O

combinación

1. _____

2. _____

3. _____

4. _____

5. _____

6. _____

7. _____

8. _____

9. _____

10. _____

Nombre _____ Fecha _____

EJERCICIO   Número 65   (combinación MB - NV)

*Rellene el espacio apropiado con las combinaciones **MB** y **NV** según convenga.*

Ejemplo: **A_MB_OS**   **INVENTAR**

1.   HO____RE   16.   SIE____RA

2.   NOVIE____RE   17.   CU____IA

3.   NO____RE   18.   I____ITADO

4.   E____IDIA   19.   O____LIGO

5.   MIE____RO   20.   HE____RA

6.   CO____ENIENCIA   21.   CO____ERSION

7.   E____OLVER   22.   CA____IAR

8.   BO____A   23.   A____IENTE

9.   E____ARAZADA   24.   I____ENCION

10. CO____ERSACION   25.   TA____OR

11. E____ENENAR   26.   I____OCAR

12. DICIE____RE   27.   U____ILICAL

13. RA____LA   28.   E____IAR

14. I____ENCIBLE   29.   E____USTERO

15. I____ATIBLE   30.   E____ICIAR

Nombre _____ Fecha _____

EJERCICIO Número 66   (combinación <u>BL</u> - <u>BR</u>)

*Busque 10 palabras que contengan la combinación <u>**BR**</u> y escríbalas de tal manera que la combinación quede dentro del cuadrito. Recuerde que la combinación <u>**BR**</u> se escribe con <u>**B**</u>.*

Ejemplo:

BRAZO | BR | AZO _____

<u>combinación</u>

1. _____

2. _____

3. _____

4. _____

5. _____

6. _____

7. _____

8. _____

9. _____

10. _____

EJERCICIO Número 67   (combinación **BL** y **BR**)

*Busque 10 palabras que contengan la combinación **BL** y escríbalas de tal manera que la combinación quede dentro del cuadrito. Recuerde que la combinación **BL** se escribe con **B**.*

Ejemplo:

BLUSA | BL | USA _____

combinación

1. _____

2. _____

3. _____

4. _____

5. _____

6. _____

7. _____

8. _____

9. _____

10. _____

EJERCICIO Número 68 (Combinación BL - BR)

Rellene el espacio con la combinación BL o BR según convenga.

Ejemplo: **A_BR_AZO** **HA_BL_AMOS**

1. O____IGATORIO

2. A____IL

3. ____IO

4. ____ANDO

5. LI____ETA

6. BI____IA

7. LI____E

8. CA____A

9. E____IO

10. ____IGADA

11. LUM____E

12. LEGUM____E

13. INEFA____E

14. LI____A

15. TA____A

16. A____ANDAR

17. COLUM____AR

18. DO____ADO

19. MIM____E

20. PRO____EMA

21. TA____ADO

22. SO____EVIVIR

23. VI____ANTE

24. DIA____O

25. CU____IR

26. CA____E

27. SO____INO

28. BI____IOTECA

29. CULE____A

30. LA____ADOR

EJERCICIO   Número 69   Sufijo <u>ABA</u> del imperfecto (Indicativo)

*Escriba el sufijo del imperfecto de los verbos señalados de tal manera que quede entre las dos líneas. Recuerde que este sufijo SIEMPRE se escribe con **B**.*

Ejemplo:

TRABAJAR	yo(él)	<u>trabaj</u>	aba	——
	tú	<u>trabaj</u>	aba	<u>s</u>
	nosotros	<u>trabaj</u>	ába	<u>mos</u>
	ellos	<u>trabaj</u>	aba	<u>n</u>

	SALVAR	**CAMINAR**	**ORAR**
1. yo			
tú			
nosotros			
ellos			

	LLORAR	**MIRAR**	**ACABAR**
2. yo			
tú			
nosotros			
ellos			

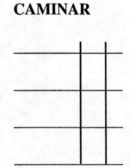
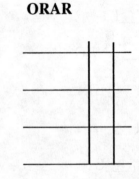
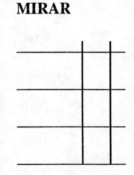

	SALTAR	**GOBERNAR**	**BUSCAR**
3. él			
tú			
nosotros			
ellos			

EJERCICIO   Número   70   Sufijo ABA del Imperfecto (Indicativo)

Complete las oraciones con la forma del imperfecto que convenga.

Ejemplo: **La luna (estar) <u>estaba</u> hermosa esa noche.**

1.   Juana (buscar) _____ a su hermano en el cine.

2.   No le (gustar) _____ jugar con su hermanita.

3.   Tú siempre (enviar) _____ las cartas por vía aérea.

4.   Mario no (recordar) _____ quién había llamado.

5.   Ellos nunca (trabajar) _____ tanto como decían.

6.   Todos los días yo (ayudar) _____ a mi abuela.

7.   ¿A quién (hablar) _____ cuando te vi?

8.   Nosotros casi siempre (cenar) _____ muy tarde.

9.   El supo que ellos (ganar) _____ mucho más.

10.   El precio de la gasolina (aumentar)_____ cada mes.

11.   Cuando eras niño te (levantar) _____ muy temprano.

12.   Ellas no (tomar) _____ más de un vaso de vino.

13.   El enfermo (necesitar) _____ una operación.

14.   El policía (anotar) _____ todo lo que yo decía.

15.   Mi abuelo (manejar) _____ muy bien cuando era joven.

16.   Nosotros (estar) _____ hablando de política.

17.   Yo (estudiar) _____ en la biblioteca.

18.   Cuando era joven le (gustar) _____ las fiestas.

19.   Ellos (ir) _____ de vacaciones cada verano.

20.   Nosotros siempre (llegar) _____ tarde a la clase.

EJERCICIO   Número 71   (Verbos terminados en <u>BER</u> - <u>BIR</u>)

ESCRIBIR	**BEBER**	**RECIBIR**	**DESCRIBIR**
ABSORBER	**DEBER**	**CABER**	**SABER**
SUBSCRIBIR	**SUBIR**	**HABER**	
PROHIBIR	**EXHIBIR**	**CONCEBIR**	

*Use el verbo de la lista que convenga al sentido de la oración. Recuerde que los infinitivos y los derivados de verbos terminados en **BER** y **BIR** se escriben con **B**.*

Ejemplo: **Ayer yo _escribí_ una carta a mi hermano.**

1.   Un buen alumno _____ hacer las tareas con cuidado.

2.   Cuando éramos niños siempre _____ muchos regalos para nuestros cumpleaños.

3.   Anoche ellos se _____ muchas cervezas.

4.   Hoy día casi todos _____ manejar un coche.

5.   El mes pasado ella _____ tres cartas de su novio.

6.   No _____ duda que él es el más fuerte.

7.   El año que viene me _____ a una revista española.

8.   Se dieron cuenta de que no _____ llegado a la hora convenida.

9.   Quieren que nosotros _____ hasta el quinto piso.

10.   La arena _____ el agua rápidamente.

11.   Me preguntó si _____ visto esa película.

12.   Anoche mis padres me _____ salir.

6.3   ORTOGRAFIA DE LA LETRA "V"

1.   a)   Se escribe con **V** los preténtos de los verbos **ANDAR, TENER, ESTAR**.
    Ejemplo: and<u>UVE</u>, t<u>UVE</u>, est<u>UVE</u>

b)   Se escribe con la letra **V** los imperfectos del subjuntivo de los verbos **ANDAR, TENER, ESTAR.**
    Ejemplo: and<u>UVIESE</u>, t<u>UVIESE</u>, est<u>UVIESE</u>

Observe la diferencia entre el presente y el pretérito del verbo **ANDAR.**

	PRESENTE				PRETERITO		
	RAIZ	SUFIJOS			RAIZ	SUFIJOS	
yo	AND	o			ANDUV	e	
tú	AND	a	s		ANDUV	i	ste
él	AND	a			ANDUV	o	
nosotros	AND	a	mos		ANDUV	i	mos
ellos	AND	a	n		ANDUV	ie	ron

Como se puede ver la raíz del presente, **AND**, es muy diferente a la raíz del pretérito **ANDUV**. Esta última raíz se usa también en el imperfecto del subjuntivo **ANDUViese** o **ANDUViera.**
Estas raíces especiales que usan los verbos **ANDAR** (ANDUV), **TENER** (TUV) y **ESTAR** (ESTUV) en el pretérito del indicativo y el imperfecto del subjuntivo se escriben con **V**.

		ANDAR	**TENER**	**ESTAR**
PRET. IND.	(yo)	**ANDU<u>V</u>e**	**TU<u>V</u>e**	**ESTU<u>V</u>e**
IMP. SUBJ.	(yo)	**ANDU<u>V</u>iera(se)**	**TU<u>V</u>iera(se)**	**ESTU<u>V</u>iera(se)**

Otros verbos como, por ejemplo, **entretenerse, atenerse,** etc. también se deberán escribir con la letra **V** en los tiempos indicados.

2.   a)   Se escribe con la letra **V** el presente del indicativo del verbo **IR**.
    Ejemplo: <u>v</u>oy, <u>v</u>as, <u>v</u>a, <u>v</u>amos, etc.

Presente del Indicativo:

Yo **<u>voy</u>** a mi casa.
Tú **<u>vas</u>** a comer.
Usted **<u>va</u>** a su casa.
El/Ella **<u>va</u>** a limpiar el auto.
Nosotros **<u>vamos</u>** de vacaciones.
Vosotros **<u>vais</u>** a la iglesia.
Ellos/ Ustedes **<u>van</u>** a la casa de María.

El presente del indicativo del verbo **IR**, como se puede ver, se escribe con **V**.

b) Se escribe con la letra **V** el <u>presente del subjuntivo</u> del verbo **IR**.
   Ejemplo: <u>v</u>aya, <u>v</u>ayas, <u>v</u>ayamos, etc.

   <u>Presente del Subjuntivo</u>

Ojalá que	yo **vaya**	a la fiesta.
Ojalá que	tú **vayas**	a comer con nosotros.
Ojalá que	usted **vaya**	al cine.
Ojalá que	él/ella **vaya**	al mercado
Ojalá que	nosotros **vayamos**	de vacaciones.
Ojalá que	vosotros **vayáis**	pronto.
Ojalá que	ellos/Uds. **vayan**	sin problemas.

c) Se escriben con la letra **V** los <u>imperativos</u> del verbo **IR**.

   Ejemplo: **V**aya usted. **V**e tú. No **v**ayan ustedes.

   En <u>el modo imperativo</u> aparecen varias formas de **IR** que se escriben con **V**. Estas formas representan mandatos/órdenes a otros.

   <u>Se puede ordenar/mandar a una persona</u>

   VE tú a la cama. (familiar)
   VAYA usted a la cama. (cortés)
   No **VAYAS** tú a la casa. (familiar)
   No **VAYA** usted a la casa. (cortés)

   <u>Se puede ordenar/mandar a dos o más personas</u>

   ID vosotros a la casa. (familiar)
   VAYAN ustedes a la casa. (cortés)
   No **VAYAIS** vosotros a la casa. (familiar)
   No **VAYAN** ustedes a la casa. (cortés)

   <u>Se puede ordenar/mandar incluyéndo(se) al que da la orden</u>

   Vayamos (vamos) despacio.
   No **vayamos** a ese lugar.

3. Se escribe con **"V"** la combinacion **NV**.

   Ejemplo: Co**NV**ertido, i**NV**encible

EJERCICIO   Número 72   (Verbos TENER, ESTAR, ANDAR)

Escriba en el espacio indicado la forma del verbo en el tiempo que se indica.

Ejemplo: **Yo (tener: pretérito)**   ___TUVE___

1.   Yo (andar: pretérito)   _____

2.   Tú (estar: imperfecto subjuntivo)   _____

3.   Nosotros (contener: pretérito)   _____

4.   Ellos (andar: pretérito)   _____

5.   Nosotros (tener: imperfecto subjuntivo)   _____

6.   Tú (andar: imperfecto subjuntivo)   _____

7.   Ellos (tener: imperfecto subjuntivo)   _____

8.   Yo (estar: imperfecto subjuntivo)   _____

9.   María (estar: imperfecto subjuntivo)   _____

10.   Tú y yo (entretener: pretérito)   _____

11.   El y ellas (estar: pretérito)   _____

12.   Nadie (desandar: pretérito)   _____

13.   Ellas (tener: imperfecto subjuntivo)   _____

14.   Nosotros (estar: pretérito)   _____

15.   Ella (andar: imperfecto subjuntivo)   _____

16.   Yo (tener: imperfecto subjuntivo)   _____

17.   Ustedes (andar: imperfecto subjuntivo)   _____

18.   Ella (tener: pretérito)   _____

19.   Nosotros (andar: pretérito)   _____

20.   Yo (andar: imperfecto subjuntivo)   _____

Nombre _____   Fecha _____

EJERCICIO Número 73 (Verbo **IR**)

Escriba en el espacio en blanco la forma conveniente del <u>presente del indicativo</u> del verbo **IR**.

Ejemplo: **Ahora yo __voy__ a mi casa.**

1.   Después del cine nosotros _____ a una fiesta.

2.   ¿Por qué tú no _____ a jugar con tus amigos?

3.   Ella _____ de compras todos los días.

4.   Ellos _____ a caballo por el parque.

5.   Nosotros no _____ a comer esta tarde.

6.   Mi esposa y yo _____ al teatro de vez en cuando.

7.   ¿A qué hora _____ a llegar los estudiantes?

8.   ¿Tú _____ a viajar en avión o en coche?

9.   Nosotros no _____ a pagar toda la cuenta.

10.   El _____ a llevar dos maletines.

11.   ¿A dónde _____ ellas por la mañana?

12.   Su tío _____ a España este verano.

13.   Pedro y yo no _____ a trabajar hoy.

14.   Tú no _____ a llegar tarde como siempre.

15.   Yo _____ a la fiesta contigo esta noche.

16.   Ustedes _____ al cine con sus amigos.

17.   Ellos _____ a visitar a su abuela.

18.   Usted no _____ a España este año.

Nombre _____   Fecha_____

EJERCICIO   Número 74   (Verbo IR)

Escriba en el espacio en blanco la forma conveniente del <u>*presente del subjuntivo*</u> *del verbo*
<u>IR</u>.

Ejemplo: Ojalá que yo __vaya__ (IR) a ganar.

1.   Quiero que usted _____ a la biblioteca.

2.   ¡Ojalá que todos _____ al baile esta noche!

3.   Siento que tú no _____ de vacaciones.

4.   Dudo mucho que ellos _____ a llegar a tiempo.

5.   Es importante que nosotros _____ con los chicos.

6.   Prefieren que yo _____ solo.

7.   ¡Ojalá que Carlos _____ a nadar en la piscina!

8.   Insisto en que tú _____ a pedir perdón.

9.   Prefiero que él _____ a buscar a su hermana.

10.   Es probable que _____ nosotros a pie.

11.   Quiere que yo _____ al centro con él.

12.   Dudan que nosotras _____ a bailar con ellos.

13.   ¡Ojalá que le _____ bien a tu hermana!

14.   Es necesario que tú _____ al hospital.

15.   Es probable que ellas _____ con nosotros.

16.   No cree que nosotros _____ a la universidad.

17.   Más vale que tú te _____ inmediatamente.

18.   Conviene que nosotros _____ a comprar los boletos.

EJERCICIO Número 75 (Verbo IR)

Escriba en el espacio en blanco la forma conveniente del Imperativo del verbo IR.

Ejemplo: **Necesito ese libro. Por favor, __vaya__ usted a la biblioteca y tráigamelo.**

1.   María, _____ de compras antes de que llegue la señora.

2.   Hermano, no _____ a decirme la misma historia.

3.   ¿Dónde está Tomás? Carlos, _____ a buscarlo ahora mismo.

4.   Hace mal tiempo. Señores, no _____ en avión.

5.   Por favor doctor, _____ a ver a mi mamá.

6.   La situación está muy grave. _____ usted con cuidado.

7.   Te necesito. No te _____ todavía.

8.   No queremos llegar tarde. _____ todos ahora mismo.

9.   Profesor, por favor no _____ a darme más trabajo.

10.   Yo estoy muy cansado. _____ ustedes a traer la comida.

11.   Elena, _____ a la tienda ahora mismo.

12.   Señores, no se _____ sin saludarme.

13.   Paco y Mario, _____ Uds. en seguida.

14.   Señorita, no se _____ tan temprano.

15.   Rosa, no _____ a bailar con él.

16.   Mi hermano no se siente bien. Doctor, _____ usted a verlo en seguida.

17.   Necesitamos el martillo. Paco, _____ a buscarlo y tráelo.

18.   Francisco _____ al trabajo que te necesitan.

Nombre _____ Fecha _____

EJERCICIO Número 76 (Verbo IR)

Escriba en el espacio indicado el tiempo del verbo IR que se indica.

Ejemplo: Yo (**IR: presente indicativo**)   __VOY__

1.   El (IR: presente indicativo)   _____

2.   Tú (IR: imperativo)   _____

3.   Nosotros (IR: presente indicativo)   _____

4.   Tú y él (IR: presente subjuntivo)   _____

5.   Juan (IR: imperativo)   _____

6.   Juan y María (IR: imperativo)   _____

7.   Ellas (IR: presente subjuntivo)   _____

8.   Alguien (IR: presente indicativo)   _____

9.   Ellos (IR: presente subjuntivo)   _____

10.   Tú y yo (IR: presente indicativo)   _____

11.   El juez (IR: presente subjuntivo)   _____

12.   Nadie (IR: imperativo)   _____

13.   Nosotros (IR: imperativo)   _____

14.   Yo (IR: presente subjuntivo)   _____

15.   Ellas (IR: presente indicativo)   _____

16.   Tú (IR: presente indicativo)   _____

17.   Ella (IR: presente subjuntivo)   _____

18.   Todos (IR: imperativo)   _____

19.   Yo (IR: presente indicativo)   _____

20.   Usted (IR: imperativo)   _____

EJERCICIO   Número 77 (<u>V</u> vs. <u>B</u>)

Rellene el espacio en blanco con la <u>V</u> o <u>B</u> según convenga.

Ejemplo: HABLA_B_A

1.   ENCONTRA ____ AMOS

2.   TU____IERON

3.   ____E

4.   SA____IAS

5.   RESULTA____A

6.   ____AMOS

7.   ANDA____AN

8.   ANDU____IMOS

9.   RECI____IERON

10.   ESCUCHA____AS

11.   ESTU____IERAN

12.   DE____IDO

13.   PROHI____IRIA

14.   ____AYAN

15.   ESTU____ISTE

16.   RECI____E

17.   ESCUCHA____AMOS

18.   TU____ISTE

19.   ESTA____AN

20.   SU____IERON

21.   I____AMOS

22.   ESCRI____IERON

23.   TELEFONEA____AS

24.   ESTA____AMOS

25.   TU____ISTE

26.   ESTU____IERA

27.   MANDA____A

28.   SU____IMOS

29.   DESCRI____IRIA

30.   PRESENTA____AS

31.   I____AN

32.   ANDU____IERAS

33.   TU____E

34.   ENTREGA____AMOS

35.   PERCI____IMOS

36.   ESTU____IERON

37.   ESTA____A

38.   ESTU____IMOS

39.   I____AS

40.   ESCRI____IAN

Nombre _____ Fecha _____

EJERCICIO   Número 78   (V vs. B)

Rellene el espacio en blanco con la forma del verbo que queda sugerida por el sentido de la oración. Los verbos se encuentran en la lista:

IR	**ESCRIBIR**	**DEBER**	**VER**
TENER	**SABER**	**ESCUCHAR**	**RECIBIR**
ESTAR	**PROHIBIR**	**SUBIR**	

*(Use las formas verbales que lleven **V** o **B**)*

Ejemplo: Hoy yo __voy__ a trabajar a las cuatro de la tarde.

1.   Cuando éramos novios _____ a bailar los fines de semana.

2.   Ella no _____ dónde está su hermana ahora.

3.   Cuando mi tía vivía con nosotros _____ telenovelas todos los días.

4.   Hace un mes que ella no _____ cartas de su novio.

5.   La semana pasada ellos _____ que presentarse ante el juez.

6.   Quiero que ustedes _____ al cine esta tarde.

7.   Mi mamá y yo _____ una carta a mi amiga.

8.   Tú _____ entender que ya no te quiero.

9.   Ayer nosotros _____ metidos en un gran lío.

10   Mientras llovía, yo _____ música en mi cuarto.

11.   El gato se _____ al árbol y no quería bajar.

12.   Antes yo _____ películas españolas los sábados.

13.   Cuando era niño mis padres me _____ fumar.

14.   El profesor _____ dos años en Venezuela.

15.   Cada verano nosotros _____ al campo.

EJERCICIO Número 79 (<u>V</u> vs. <u>B</u>)

Rellene el espacio en blanco con las combinaciones <u>NV</u> o <u>MB</u>, según convenga.

Ejemplo: TA_MB_OR

1.   I____IERNO

2.   TU____O

3.   SI____OLO

4.   A____ICION

5.   E____IDIA

6.   A____IENTE

7.   I____ECIL

8.   CO____ENCER

9.   CO____INAR

10.   CO____ERSAR

11.   CO____ALECER

12.   I____ADIR

13.   I____ENCION

14.   COSTU____RE

15.   TE____LOR

16.   I____ENTAR

17.   I____EROSIMIL

18.   TI____RAR

19.   SE____RAR

20.   ASO____ROSO

21.   BO____AS

22.   E____OLVER

23.   MI____RE

24.   O____LIGO

25.   TRA____IA

26.   TRO____A

27.   LU____RE

28.   E____IADO

29.   CO____ENTO

30.   HA____RE

EJERCICIO Número 80   (V vs. B)

Rellene el espacio en blanco con la palabra que queda sugerida por el sentido de la oración.
Use las palabras de la lista.

Ejemplo: **El restaurante tenía un _ambiente_ propicio para pasar un rato agradable.**

AMBULANCIA	BRUJULA	CONVENTO	ENVEJECIDO	HEMBRA
INVASIONES	INVIERNO	MIEMBROS	SIMBOLOS	TAMBOR
BRISA	ARBOLES	CONVIDAR	ENVIDIA	TEMBLAR

1.   La estación preferida por los esquiadores de nieve es el _____ .

2.   El águila y la serpiente son _____ de México.

3.   Hay monjas que viven en el _____ toda su vida.

4.   Llegó la _____ para transportar a los heridos.

5.   Las _____ de los bárbaros destruyeron todo.

6.   La yegua es la _____ del caballo.

7.   Caín mató a su hermano Abel por _____ .

8.   Un instrumento importante en la música de Africa es el _____ .

9.   La _____ sirve de guía a los navegantes.

10.   Los _____ del comité votaron en favor.

11.   Voy a _____ a Luis a que nos acompañe a comer.

12.   Cuando era niño me subía a los _____ .

13.   Esta noche hay una _____ suave.

14.   Había pasado años y él se veía _____ .

15.   Cuando vio el perro empezó a _____ .

Nombre_____ Fecha _____

EJERCICIO Número 81 (<u>V</u> vs. <u>B</u>)

*Este ejercicio abarca todas las reglas aprendidas sobre la **B** y la **V**. Rellene el espacio en blanco según convenga y escriba al lado el número de la regla que se aplica.(ver págs. 101-102 y 111-112)*

Ejemplo: A <u>B</u> RIR   __**B-2**__

TU <u>V</u> IMOS   __**V-1-a**__

1.	O___LIGACIONES	_____	17.	___LOQUE	_____
2.	ESTU___IMOS	_____	18.	TU___IÉRAMOS	_____
3.	TUM___A	_____	19.	LLORA___AS	_____
4.	EN___UELTO	_____	20.	___RONCO	_____
5.	ANDU___E	_____	21.	ANDU___ISTE	_____
6.	ESTA___LECER	_____	22.	DESCRI___EN	_____
7.	SAM___A	_____	23.	EM___RUTECIDO	_____
8.	IN___ENTARIO	_____	24.	ABSOR___E	_____
9.	NOM___RAMIENTO	_____	25.	___LASFEMIA	_____
10.	I___AS	_____	26.	AM___OS	_____
11.	___LANDO	_____	27.	ESTA___AMOS	_____
12.	___RIGADA	_____	28.	TU___IERA	_____
13.	GOBERNA___A	_____	29.	___RÚJULA	_____
14.	___OY	_____	30.	COM___ATE	_____
15.	DE___EMOS	_____	31.	IN___ARIABLE	_____
16.	HAM___URGUESA	_____	32.	AR___USTO	_____

7.1 ORTOGRAFIA DEL FONEMA "S"

En la pronunciación hispanoamericana, el fonema "S" está representado por las letras C, S, Z.

CASA	SABANA	ZAPATO
CERVANTES	SEÑOR	ZENIT
CIUDAD	SIMPATICO	ZINC
COLA	SOLO	ZOCALO
CUBA	SUBIR	ZUMO

Como se puede ver el fonema "S" se presenta delante de las vocales E/I con las letras C, S, Z y, delante de todas las vocales con las letras S, Z.

Es pues, imposible determinar la ortografía de una palabra sólo por su sonido. A continuación algunas reglas que pueden ayudar a escribir correctamente las palabras que contienen estas letras.

7.2 ORTOGRAFIA DE LA LETRA "C"

Se escriben con "C":

1. Las terminaciones (sufijos) diminutivas CITO, CILLO, CICO, CECILLO, CECICO.

    Ejemplo: luCECITA, pastorCILLO, corazonCITO, pieCECITO.

    Los sufijos diminutivos en castellano sirven para indicar que algo es pequeño o reducido en tamaño. También se usan para indicar afecto o cariño.

    Ejemplo: libro   = LIBRITO

                cariño   = CARIÑITO

                amor   = AMORCITO

    Los sufijos diminutivos más usados en castellano son:

    ITO librITO, ILLO pajarILLO, e ICO momentICO.

Otros menos comunes son:

IN chiquit**IN**, **ETE** casqu**ETE** y **UELO** arroy**UELO**.

Los tres más comunes (**ITO, ILLO, ICO**) tienen dos variaciones importantes:

ITO → **CECITO**   **CITO** → pie**CECITO**,   fuente**CITA**

ILLO → **CECILLO**   **CILLO** → pie**CECILLO**,   fuente**CILLA**

ICO → **CECICO**   **CICO** → pie**CECICO**,   fuente**CICA**

Generalmente se usa **CECITO, CECILLO, CECICO,** cuando la palabra que recibe el sufijo diminutivo es un monosílabo.

Ejemplo: pie → pie**CECITO**

Se usa **CITO, CILLO, CICO** generalmente cuando la palabra que recibe el sufijo diminutivo es un bisílabo, especialmente los bisílabos agudos terminados en **R** o **N**.

Ejemplo: cartó**N** → carton**CITO**

Como se puede observar tanto la forma larga (**CECITO, CECILLO o CECICO**) como la corta (**CITO, CILLO o CICO**) se escriben con la letra **C**.

No hay que confundir la **C** del sufijo **CITO** con la **S** que es parte de la palabra que recibe el sufijo. Es decir, que no pertenece al sufijo sino a la palabra que lo recibe.

Ejemplo: me**S**a + **ITA** → me**sITA**

coSa + **ITA** → co**sITA**

ca**S**a + **ITA** → ca**sITA**

2.   El plural de las palabras terminadas en la letra **Z** se forma cambiando la **Z** por **C** y añadiendo el plural **ES**.

Ejemplo: pa**Z** → pa**CES**

lu**Z** → lu**CES**

3. Los verbos terminados en **ZAR** cambian delante de la vocal **e**. Esto ocurre especialmente en ciertos tiempos verbales cuando la **Z** se convierte en **C** delante de la vocal **E**.

Ejemplo: ca**ZAR** → ca**C**emos, ca**C**é

roe**ZAR** → ro**C**en, ro**C**é

re**ZAR** → re**C**é

Estos cambios ocurren en:
- Primera persona del pretérito: **yo reC**é
- En todas las personas del presente del subjuntivo.
- Imperativo con excepción del mandato singular familiar (Reza tú).

Ejemplo: **Ojalá que yo reCe**

Ojalá que tú reCes

Ojalá que Ud. reCe

Ojalá que él/ella reCe

Ojalá que nosotros reCemos

Ojalá que vosotros reCéis

Ojalá que Uds./ellos/ellas reCen

- En el imperativo (mandatos/ órdenes)

Sing. **RECE Ud.   No RECE Ud.   No RECES tú**

Plural **RECEMOS nosotros. RECEN Uds.   No RECEN Uds.**

4. Los verbos terminados en **CIR, CER**

Ejemplo: de**CIR**, ha**CER**.

Estos verbos sufren ajustes ortográficos en ciertas conjugaciones.

Ejemplo: aborre**Z**co, lu**Z**co, etc. (ver 7.4 ortografía de la letra **Z**)

(Hay tres excepciones: **COSER, TOSER, ASIR**).

5. Los verbos terminados en **CEDER, CENDER.**

Ejemplo: con<u>C</u>EDER, en<u>C</u>ENDER, con<u>C</u>edido, en<u>C</u>endí.

6.   Los verbos terminados en **CIBIR, CIDIR.**

   Ejemplo: per<u>CIBIR</u>, de<u>CIDIR</u>, de<u>C</u>idiré, per<u>C</u>ibido.

   (Hay dos excepciones: **<u>PRESIDIR</u> y <u>RESIDIR</u>**).

7.   La terminación "**CION**"

   En el castellano que se habla en Hispanoamérica existe mucha confusión en la ortografía de las palabras que terminan en **<u>sión</u> y <u>ción</u>.**

   La mayoría de estas palabras terminan en **<u>ción</u>** y son palabras derivadas de verbos terminados en **<u>AR</u>** (primera conjugación) cuyos radicales o raíces verbales generalmente no contienen la letra **<u>S</u>**.

   Ejemplo:

<u>VERBO TERMINADO EN AR</u>		<u>SUSTANTIVO</u>
DEDICAR	→	dedica<u>c</u>ión
ACTUAR	→	actua<u>c</u>ión
FORMAR	→	forma<u>c</u>ión
(pero) REVI<u>S</u>AR	→	revi<u>s</u>ión
(pero) CONFE<u>S</u>AR	→	confe<u>s</u>ión

   Se escriben siempre con **<u>C</u>** las palabras que terminan en **<u>zación</u>.**

   Ejemplo: realización, legalización, civilización, urbanización.

EJERCICIO Número 82 (Sufijos diminutivos CITO, CILLO, CICO, CECITO, CECILLO, CECICO)

Añada los sufijos diminutivos señalados en cada columna a las palabras siguientes.

Ejemplo: (monosílabos terminados en **Z** cambian ésta por **C**)

LUZ	**LUCECITA**	**LUCECILLA**	**LUCECICA**
	CECITO	**CECILLO**	**CECICO**

1. CRUZ
2. PEZ
3. VOZ
4. COZ
5. FAZ
6. PIE
7. JUEZ

(palabras bisílabas agudas que terminan en **R** o **N**)

1. JOVEN
2. PASTOR
3. SABOR
4. AMOR
5. MUJER
6. CANCION
7. OLOR
8. RATON

EJERCICIO   Número 83 (Sufijos diminutivos CITO, CILLO, CICO, CECITO, CECILLO, CECICO)

Escriba en la columna designada el sufijo diminutivo que convenga. Note como, a veces, la misma palabra, con distintos sufijos, cambia de significado.

PATRON	PATRON<u>CITO</u>	PATRON<u>CILLO</u>	PATRON<u>CICO</u>
1. PINTOR			
2. GATO			
3. NUBE			
4. CAMION			
5. PASO			
6. COLOR			
7. COLON			
8. TIGRE			
9. PERRO			
10. MASA			
11. JUEZ			
12. CABEZA			
13. CUARTO			
14. SOL			
15. BOTE			

Nombre _____ Fecha _____

EJERCICIO Número 84   (palabras terminadas en Z)

Escriba el plural de las siguientes palabras.

Ejemplo: HEDIONDEZ → **HEDIONDECES**

1.	NITIDEZ	_____	14.	GAS	_____
2.	ANDALUZ	_____	15.	MALTES	_____
3.	CONTRALUZ	_____	16.	SAGAZ	_____
4.	EMPERATRIZ	_____	17.	JUEZ	_____
5.	SEMIDIOS	_____	18.	PEZ	_____
6.	PRECOZ	_____	19.	MES	_____
7.	DIRECTRIZ	_____	20.	NARIZ	_____
8.	AUDAZ	_____	21.	DIOS	_____
9.	ESTRECHEZ	_____	22.	VIVAZ	_____
10.	DOBLEZ	_____	23.	RES	_____
11.	PEQUEÑEZ	_____	24.	MATRIZ	_____
12.	ALFEREZ	_____	25.	PERDIZ	_____
13.	CERVIZ	_____	26.	LAPIZ	_____

EJERCICIO   Número 85 (palabras terminadas en <u>Z</u>)

Escriba el singular o plural de las siguientes palabras.

Ejemplo: PAZ → <u>PACES</u>   o   LUCES → <u>LUZ</u>

1.	FUGAZ	_____	21.	PERTINAZ _____
2.	RAIZ	_____	22.	SAGACES _____
3.	CAPACES	_____	23.	TENAZ _____
4.	ATROZ	_____	24.	INCAPAZ _____
5.	VELOCES	_____	25.	ACTRIZ _____
6.	MATIZ	_____	26.	TAPICES _____
7.	ARCABUZ	_____	27.	PORTALAPIZ _____
8.	NUECES	_____	28.	ALTAVOZ _____
9.	CAPATAZ	_____	29.	RAPIDEZ _____
10.	FELICES	_____	30.	ESTRECHEZ _____
11.	COZ	_____	31.	VORACES _____
12.	ACIDEZ	_____	32.	CANDIDEZ _____
13.	PECES	_____	33.	TRASLUCES _____
14.	ADIOS	_____	34.	FEROCES _____
15.	CRUZ	_____	35.	PERDIZ _____
16.	MAICES	_____	36.	RIDICULEZ _____
17.	VEZ	_____	37.	VERACES _____
18.	RAPACES	_____	38.	DELICADEZ _____
19.	CICATRICES	_____	39.	VOCES _____
20.	ESCASEZ	_____	40.	EFICAZ _____

Nombre _____ Fecha _____

EJERCICIO   Número 86 (verbos terminados en ZAR)

Complete las oraciones siguientes con los verbos indicados en mayúsculas.

Los tiempos verbales que se deben usar según el sentido de cada oración son:
Presente del indicativo, pretérito, presente del subjuntivo, imperativo.

Ejemplo: RE**Z**AR   **La chica RE<u>ZA</u> antes de acostarse.**
La mamá quiere que ella <u>RECE</u>.
Padre, <u>RECE</u> por nosotros.

I.   <u>AMENAZAR</u>   **Carlos <u>amenaza</u> a su amigo.**

   a)   Ojalá que ellas no me _____ .

   b)   Ayer yo lo _____ .

   c)   Quiero que Uds. no _____ a sus compañeros.

   d)   Yo nunca _____ a nadie.

   e)   ¡Por favor no _____ Ud. a su hermana!

II.   <u>ORGANIZAR</u>   **Ellos <u>organizan</u> su trabajo.**

   a)   Hoy nosotros _____ la tarea.

   b)   Anteayer tú _____ una linda fiesta

   c)   La semana pasada yo _____ mi trabajo.

   d)   Es posible que ellos _____ un baile.

   e)   ¡Muchachos, _____ nuestro viaje ahora!

III.   <u>ABRAZAR</u>   **La madre siempre <u>abraza</u> al nene.**

   a)   Anoche yo también _____ a mi abuela.

   b)   Insiste en que nosotros _____ al bebé.

   c)   Esperan que la abuela _____ al nieto.

d) De vez en cuando el abuelo _____ al nene.

e) Quiere que Uds. _____ a su hermana.

IV. __RECHAZAR__   __La chica __rechaza__ la comida fría.__

a) Los estudiantes _____ las tareas difíciles.

b) Anoche nosotros _____ la sopa fría.

c) Dudo que la chica _____ a su novio.

d) No dudan que nosotros _____ esa oferta.

e) ¡Mario, por favor, no _____ a tu hermanito!

V. __EMPEZAR__   __Finalmente Juan __empieza__ a estudiar la lección.__

a) El profesor les pide que _____ a leer.

b) ¡Señores, _____ a trabajar!

c) Ayer yo no _____ mi trabajo a tiempo.

d) La maestra sugiere que yo _____ a escribir.

e) Ella quiere que nosotros _____ a limpiar la casa.

VI. __ANALIZAR__   __Los profesores __analizan__ el poema modernista.__

a) Los estudiantes _____ muy bien.

b) Es necesario que tú _____ el problema.

c) El maestro insiste en que yo _____ el poema.

d) Anteayer yo no _____ el ensayo.

e) ¡Carlos y Jorge, _____ esta novela romántica!

Nombre _____ Fecha _____

EJERCICIO   Número 87 (verbos terminados en <u>ZAR</u>)

Escriba la forma de los verbos siguientes según los tiempos y personas indicados.

Ejemplo:

<u>REZAR</u> PRETERITO	PRESENTE (subj.)	IMPERATIVO
yo <u>recé</u>	yo <u>rece</u>	no <u>reces</u> tú
	tú <u>reces</u>	<u>rece</u> Ud.
	él <u>rece</u>	<u>recemos</u> nosotros
	nos. <u>recemos</u>	<u>recen</u> Uds.

<u>MORALIZAR</u> PRETERITO	PRESENTE (subj.)	IMPERATIVO
yo _____	yo _____	no _____ tú
nosotros _____	tú _____	_____ Ud.
	él _____	_____ nos.
	nos._____	_____ Uds.
	ellos_____	

<u>VALORIZAR</u>

tú _____	yo _____	no _____ Uds.
yo _____	tú _____	_____ tú
	ella _____	_____ nos.
	nos. _____	_____ Ud.
	ellas _____	

<u>EMPEZAR</u>

ella _____	él _____	_____ Ud.
yo _____	Uds. _____	_____ nos.
Ud. _____	yo _____	_____ Uds.

Nombre _____ Fecha _____

EJERCICIO   Número 88 (verbos terminados en <u>CER</u>, <u>CIR</u>)

Escriba la forma del verbo que se pide. Note que en algunos verbos habrá que hacer ajustes ortográficos.

Ejemplo:	**HACER**	Ayer yo	<u>hice / hacía</u>
		Ahora ellos	<u>hacen</u>
		Si ellos	<u>hicieran</u>
		Ayer él	<u>hizo / hacía</u>

1.   **CONOCER**   Ayer yo   _____/_____

Ahora ellos   _____

Si ellos   _____

Ahora yo   _____

2.   **DECIR**   Ahora ellos   _____

Ayer yo   _____/_____

Ahora él   _____

Ayer ellos   _____/_____

3.   **SATISFACER** Ahora yo   _____

Ayer ellos   _____/_____

Si nosotros   _____

Ahora tú   _____

4.   **PRODUCIR**   Ayer ella   _____/_____

Ahora Uds.   _____

Si él   _____

Ayer tú   _____/_____

5. **ESPARCIR**

Si ellos _____

Si yo _____

Ayer él _____ / _____

Ahora yo _____

6. **OBEDECER**

Ahora nosotros _____

Ayer él _____ / _____

Si yo _____

Ahora yo _____

7. **MERECER**

Ayer ellos _____ / _____

Ahora tú _____

Ahora ella _____

Si Ud. _____

8. **TRADUCIR**

Si él _____

Ahora nosotros _____

Ayer tú _____ / _____

Ayer ellos _____ / _____

9. **VENCER**

Ahora Uds. _____

Ahora yo _____

Ayer ella _____ / _____

Si yo _____

EJERCICIO   Número 89 (verbos terminados en <u>CER</u>, <u>CIR</u>)

Escriba una oración con cada uno de los verbos indicados en la lista. Note que se requiere un tiempo y un modo verbal específico.

Si necesita ayuda en determinar el modo y el tiempo del verbo consulte la tabla de verbos en el apéndice.

Ejemplo: <u>PADECER</u> (yo- pres. ind.)   <u>Yo padezco el engaño.</u>

1.	**<u>OFRECER</u>** (yo- pres. ind.)	6. **<u>PARECER</u>**	(tú- pres. ind.)
2.	**<u>REDUCIR</u>** (yo- imp. ind.)	7. **<u>SEDUCIR</u>**	(él- pret. ind.)
3.	**<u>ADOLECER</u>** (él- pret. ind.)	8. **<u>CRECER</u>**	(yo- imp. ind.)
4.	**<u>ESTREMECER</u>** (yo- pres. sub.)	9. **<u>MALDECIR</u>**	(yo- pres. sub.)
5.	**<u>INTRODUCIR</u>** (yo-pres. ind.)	10. **<u>FAVORECER</u>**	(yo- pres. ind.)

1. _____

2. _____

3. _____

4. _____

5. _____

6. _____

7. _____

8. _____

9. _____

10. _____

EJERCICIO   Número 90   (verbos terminados en <u>CER</u>, <u>CIR</u>)

Escriba el infinitivo de los verbos subrayados en las siguientes oraciones.

Ejemplo: **En invierno <u>anochece</u> más temprano.**   <u>**ANOCHECER**</u>

1.   La profesora <u>aborrece</u> a los mentirosos.   _____

2.   El programa <u>adolece</u> de muchos defectos.   _____

3.   Prefiero que <u>traduzcas</u> esta poesía.   _____

4.   Ella <u>cose</u> vestidos para muñecas.   _____

5.   El sol <u>desapareció</u> detrás de las montañas.   _____

6.   De veras que <u>compadezco</u> a esas víctimas.   _____

7.   No <u>complazcamos</u> demasiado a la niña.   _____

8.   Me <u>dijeron</u> que ella ya no estaba.   _____

9.   Tus palabras no me <u>convencen</u>.   _____

10.   <u>Luces</u> muy bien en ese traje.   _____

11.   El autor está <u>engrandeciendo</u> su éxito.   _____

12.   Varios árboles <u>producen</u> frutas.   _____

13.   Ser generoso <u>ennoblece</u> al hombre.   _____

14.   Leer libros buenos <u>enriquece</u> la inteligencia.   _____

15.   El dinero <u>sedujo</u> al testigo.   _____

16.   Me <u>estremezco</u> cuando veo algo espantoso.   _____

17.   El paciente <u>falleció</u> esta mañana.   _____

18.   El general <u>conducirá</u> el ejército.   _____

19.   Mi jardín <u>florece</u> abundantemente.   _____

20. No permite que <u>hagamos</u> nuestro trabajo. _____

21. No quiero que <u>maldigan</u> a nadie. _____

22. Insisto en que los hijos <u>obedezcan</u>. _____

23. <u>Redujeron</u> los gastos porque no había remedio. _____

24. El joven <u>padece</u> de una enfermedad nerviosa. _____

25. Yo no me <u>parezco</u> a mi hermano menor. _____

26. ¿Cuánto tiempo <u>permanecieron</u> los invitados? _____

27. El viento <u>esparció</u> las hojas por la calle. _____

28. El padre <u>bendecía</u> a los hijos. _____

29. La enferma está <u>tosiendo</u> todas las noches. _____

30. Para que tú <u>venzas</u> tienes que luchar más. _____

31. Ella <u>condujo</u> muy bien. _____

32. Quiere que yo <u>cruce</u> la calle. _____

33. ¡Ojalá que tú <u>conozcas</u> al presidente! _____

34. Me <u>ofrecieron</u> un buen sueldo. _____

35. ¿A quién <u>pertenece</u> esta billetera? _____

36. <u>Alcancé</u> a ahorrar bastante dinero. _____

37. <u>Fuercen</u> ustedes la puerta si quieren entrar. _____

38. Yo no <u>almorcé</u> con la familia. _____

39. El profesor quiere que tú <u>empieces</u> a estudiar. _____

40. No me gusta que tú <u>moralices</u> demasiado. _____

EJERCICIO   Número 91 (verbos terminados en CEDER, CENDER)

Escriba la forma del verbo como en el ejemplo.

Ejemplo:	**CONCEDER**	**Ayer yo**	concedí
		Ahora él	concede
		Mañana Luisa	concederá
		Ojalá que ellos	concedan

1. **ENCENDER** Ayer yo _____

 Ahora él _____

 Mañana Luisa _____

 Ojalá que ellos _____

2. **ACCEDER** Ayer yo _____

 Ahora él _____

 Mañana Luisa _____

 Ojalá que ellos _____

3. **INTERCEDER** Ayer yo _____

 Ahora él _____

 Mañana Luisa _____

 Ojalá que ellos _____

4. **DESCENDER** Ayer yo _____

 Ahora él _____

 Mañana Luisa _____

 Ojalá que ellos _____

5. **ASCENDER**   Ayer yo   _____

                    Ahora él   _____

                    Mañana Luisa   _____

                    Ojalá que ellos   _____

6. **RETROCEDER**   Ayer yo   _____

                    Ahora él   _____

                    Mañana Luisa   _____

                    Ojalá que ellos   _____

7. **PROCEDER**   Ayer yo   _____

                    Ahora él   _____

                    Mañana Luisa   _____

                    Ojalá que ellos   _____

8. **INTERCEDER**   Ayer yo   _____

                    Ahora él   _____

                    Mañana Luisa   _____

                    Ojalá que ellos   _____

9. **ANTECEDER**   Ayer yo   _____

                    Ahora él   _____

                    Mañana Luisa   _____

                    Ojalá que ellos   _____

EJERCICIO   Número 92 (verbos terminados en CEDER, CENDER)

Escriba una oración con cada uno de los verbos indicados en la lista. Note que se requiere un tiempo y un modo verbal específico. Si necesita ayuda en determinar el modo y tiempo del verbo, consulte la tabla de verbos en el apéndice.

Ejemplo:

<u>**CONDESCENDER (él- pret. ind.)**</u>   <u>**El condescendió con mi decisión**</u>.

1.   <u>**INTERCEDER**</u> (yo- pres. ind.)   6. <u>**CEDER**</u>   (nos.- pres. ind.)

2.   <u>**DESCENDER**</u> (él- pret. ind.)   7. <u>**PRECEDER**</u> (yo- fut. ind.)

3.   <u>**EXCEDER**</u>   (tú- imp. ind.)   8. <u>**CONCEDER**</u> (él- pres. sub.)

4.   <u>**ENCENDER**</u>   (yo- pres. sub.)   9. <u>**PROCEDER**</u> (yo- perf. ind.)

5.   <u>**SUCEDER**</u>   (él- imp. sub.)   10. <u>**ACCEDER**</u> (él- pres. subj.)

1.   _____

2.   _____

3.   _____

4.   _____

5.   _____

6.   _____

7.   _____

8.   _____

9.   _____

10. _____

EJERCICIO   Número 93 (verbos terminados en CIBIR, CIDIR)

Escriba la forma del verbo como en el ejemplo.

	Ejemplo: **PERCIBIR**	**Ayer yo**	**percibí**
		Hoy ella	**percibe**
		Mañana Luisa	**percibirá**
		Ojalá que ellos	**perciban**

1. **RECIBIR**

   Ayer yo   _____

   Hoy él   _____

   Mañana Luisa   _____

   Ojalá que ellos   _____

2. **DECIDIR**

   Ayer yo   _____

   Hoy él   _____

   Mañana Luisa   _____

   Ojalá que ellos   _____

3. **INCIDIR**

   Ayer yo   _____

   Hoy él   _____

   Mañana Luisa   _____

   Ojalá que ellos   _____

4. **REINCIDIR**

   Ayer yo   _____

   Hoy él   _____

   Mañana Luisa   _____

   Ojalá que ellos   _____

EJERCICIO   Número 94 (verbos terminados en CIBIR, CIDIR)

Escriba una oración con cada uno de los verbos indicados en la lista. Note que se requiere un tiempo y modo verbal específico. Si necesita ayuda en determinar el modo y tiempo del verbo, consulte la tabla de verbos en el apéndice.

Ejemplo:

RECIBIR (nos.- pret. ind.)   Ayer recibimos un regalo.

1.   **DECIDIR**   (nos.- pres. ind.)

2.   **PERCIBIR**   (él-   pret. ind.)

3.   **COINCIDIR**   (yo-   pres. subj.)

4.   **RECIBIR**   (tú-   imper. ind.)

5.   **REINCIDIR**   (yo-   imper. subj.)

1. _____

2. _____

3. _____

4. _____

5. _____

EJERCICIO   Número 95 (Terminación <u>CION</u>)

Escriba el sustantivo terminado en la sílaba <u>ción</u> que se deriva de los verbos indicados.

	Ejemplo:	**DEDICAR** → <u>dedicación</u>
1.	INDICAR	→ _____
2.	PACIFICAR	→ _____
3.	ARTICULAR	→ _____
4.	AUTENTICAR	→ _____
5.	LEGAR	→ _____
6.	AFILIAR	→ _____
7.	NEGAR	→ _____
8.	RENUNCIAR	→ _____
9.	UNIFICAR	→ _____
10.	MADURAR	→ _____
11.	ASOCIAR	→ _____
12.	INSTALAR	→ _____
13.	SEGREGAR	→ _____
15.	ALTERAR	→ _____
16.	CALIFICAR	→ _____
17.	MECANIZAR	→ _____
18.	CONFIRMAR	→ _____
19.	REALIZAR	→ _____
20.	SUPERAR	→ _____

ORTOGRAFIA DE LA LETRA "S"

Se escriben con **S**:

1. Las terminaciones **ISA** y **ESA** que denotan generalmente el género femenino de profesiones o rangos nobiliarios.

   Ejemplo: El femenino de <u>alcalde</u> es alcald<u>ESA</u>

2. Los adjetivos terminados en el sufijo **OSO**.

   Ejemplo: peligr<u>OSO</u>, rabi<u>OSO</u>, jug<u>OSO</u>, etc.

   Este sufijo, que significa abundante, se añade a un nombre o sustantivo para obtener el adjetivo derivado.

   Ejemplo: PELIGRO + OSO → PELIGROSO

   Peligroso significa, por lo tanto, "abundante" en (lleno de) peligro.

3. La terminación superlativa **ísimo**.

   Ejemplo: dulc<u>ISIMO</u>, alt<u>ISIMA</u>, negr<u>ISIMO</u>, clar<u>ISIMO</u>.

   Estos sufijos se añaden al adjetivo para obtener el superlativo absoluto.

   Ejemplo: **FUERTE**

Grado positivo	→ **FUERTE**
Grado comparativo	→ **MAS <u>FUERTE</u> QUE**
Grado superlativo	→ **EL MAS <u>FUERTE</u>**
Grado superlativo absoluto	→ **FUERTISIMO**

   Si el adjetivo termina en vocal, ésta se elimina al añadir el superlativo.

   FUERT<u>E</u> → fuert<u>ísima</u>, fuert<u>ísima</u>
   → fuert<u>ísimos</u>, fuert<u>ísimas</u>

   Si el adjetivo termina en consonante, se añade directamente.

DEBIL ➜ debilísimo, debilísima
debilísimos, debilísimas

Nótese que **ísimo, ísima, ísimos, ísimas** llevan siempre acento gráfico por ser palabras esdrújulas.

4. Se escriben con **S** los adjetivos gentilicios, masculinos y femeninos, terminados en **ES**.

Ejemplo: montañés, francés, irlandesa, genovesa, etc.

Son gentilicios los adjetivos que denotan origen nacional (portugués), regional (montañés), ciudadano (milanés).

-Note que se acentúa gráficamente sólo el masculino.

5. La terminación **sión** de sustantivos generalmente derivados de infinitivos terminados en **DER** (ceder), **TER** (someter), **DIR** (dividir) y **TIR** (admitir) que **NO** conserven la **D** o **T** del infinitivo en cuyo caso se escriben con **C**.

Ejemplo:	ExtenDER	➜	extensión
	SomeTER	➜	sumisión
	diviDIR	➜	división
	admiTIR	➜	admisión

PERO NO:	compeTIR	➜	competición
	meDIR	➜	medición

También la terminación **sión** de sustantivos que pertenecen a una familia de palabras (palabras afines) cuya raíz se escribe con **"S"**. Estas palabras afines generalmente terminan en los sufijos **SO, SOR, SORIO, SIVO y SIBLE.**

Ejemplo:	RECESIVO	➜	recesión
	REVISAR	➜	revisión
	ILUSORIO	➜	ilusión
	CONFESAR	➜	confesión
	EXTENSO	➜	extensión
	DISCURSO	➜	discusión

Nombre _____ Fecha _____

EJERCICIO Número 96   SUFIJOS   ESA, ISA

Escriba el femenino de los siguientes títulos de nobleza, dignidades o profesiones.

Ejemplo:

ALCALDE →   <u>**ALCALDESA**</u>

1.   ARCHIDUQUE   _____

2.   PRINCIPE   _____

3.   ABAD   _____

4.   CONDE   _____

5.   PROFETA   _____

6.   BURGUES   _____

7.   DIABLO   _____

8.   BARON   _____

9.   VIZCONDE   _____

10.   POETA   _____

11.   DUQUE   _____

12.   MARQUES   _____

13.   JUGLAR   _____

14.   SACERDOTE   _____

15.   SATRE   _____

EJERCICIO Número 97   SUFIJO <u>OSO/A</u>

Escriba el adjetivo derivado terminado en el sufijo <u>OSO/A</u>. Recuerde que el sufijo se escribe con la letra <u>S</u>.

SUSTANTIVO PRIMITIVO	+	SUFIJO <u>OSO</u>, <u>OSA</u> INDICADOR DE "ABUNDANCIA EN"	→	ADJETIVO DERIVADO

Ejemplo: **ORGULLO**   <u>OSO / OSA</u>   <u>ORGULLOSO / ORGULLOSA</u>

1.   SILENCIO   _____/_____   _____/_____

2.   ENOJO   _____/_____   _____/_____

3.   PEREZA   _____/_____   _____/_____

4.   FATIGA   _____/_____   _____/_____

5.   DELICIA   _____/_____   _____/_____

6.   GRANDE   _____/_____   _____/_____

7.   SOSPECHA   _____/_____   _____/_____

8.   ESPONJA   _____/_____   _____/_____

9.   VANIDAD   _____/_____   _____/_____

10.   TRAMPA   _____/_____   _____/_____

EJERCICIO Número 98   **SUFIJO <u>OSO</u> / <u>A</u>**

*Escriba el adjetivo derivado terminado en **<u>OSO/A</u>**, o sus plurales, en el espacio señalado y de acuerdo a lo sugerido en la columna de la izquierda.*
*Recuerde que estos adjetivos se escriben con la letra **<u>S</u>**.*

Ejemplo: **Abundancia de nervios.**

Los estudiantes están <u>nerviosos</u>.

1.   Abundante en envidia.   Juan es muy   _____

2.   Abundante en espanto.   El terremoto fue   _____

3.   Abundante en nubes.   El cielo está   _____

4.   Abundante en orgullo.   Vive _____ de sus hijos.

5.   Abundante en poder.   Son unos motores _____

6.   Abundante en cariño.   Es una madre _____

7.   Abundante en jugo.   Estas naranjas son _____

8.   Abundante en lujo.   Los trajes eran _____

9.   Abundante en valor.   Los documentos son _____

10.   Abundante en volumen.   Era un bulto _____

11.   Abundante en hermosura.   Fue una mujer _____

12.   Abundante en contagio.   Es una enfermedad _____

13.   Abundante en peligro.   Es una situación_____

14.   Abudante en amor.   ¡Mira que chicas!_____

15.   Abudante en celo.   Es un hombre_____

149

Nombre _____ Fecha _____

EJERCICIO Número 99 SUFIJOS SUPERLATIVOS
ISIMO, ISIMA, ISIMOS, ISIMAS.

Escriba los superlativos de las siguientes palabras.

	Ejemplo:	RAPIDO	ísimo	rapidísimo
		LARGAS	ísimas	larguísimas

1.   BELLA   _____   _____

2.   AMABLE (m)   _____   _____

3.   SIMPLE (f)   _____   _____

4.   HABIL (m)   _____   _____

5.   SERENOS   _____   _____

6.   IMPORTANTE (f) _____   _____

7.   FEO   _____   _____

8.   FRESCA   _____   _____

9.   GUAPAS   _____   _____

10. RICO   _____   _____

11. SANTA   _____   _____

12. NOTABLE (m)   _____   _____

13. PEQUEÑOS   _____   _____

14. GRANDE (m)   _____   _____

15. MALAS   _____   _____

16. BRILLANTE (m)   _____   _____

17. INTERESANTES (f) _____   _____

18. DIFICILES (m)   _____   _____

19. FELIZ (f)   _____   _____

20. LIBERAL (f)   _____   _____

Nombre _____ Fecha _____

EJERCICIO   Número 100   **GENTILICIOS TERMINDOS EN ÉS/ESA**

Escriba los gentilicios masculinos y femeninos de los siguientes países, regiones y ciudades. Recuerde acentuar gráficamente el gentilicio masculino.

Ejemplo: **PORTUGAL**   portugués   portuguesa

<u>**MASCULINO**</u>   <u>**FEMENINO**</u>

1.   HOLANDA   _____   _____

2.   MILAN   _____   _____

3.   FRANCIA   _____   _____

4.   ESCOCIA   _____   _____

5.   ARAGON   _____   _____

6.   IRLANDA   _____   _____

7.   TIROL   _____   _____

8.   INGLATERRA   _____   _____

9.   GENOVA   _____   _____

10. SUDAN   _____   _____

11. ALBANIA   _____   _____

12. JAPON   _____   _____

13. LUXEMBURGO   _____   _____

14. VIENA   _____   _____

15. HAMBURGO   _____   _____

16. CORDOBA   _____   _____

17. SENEGAL   _____   _____

18. LISBOA   _____   _____

19. LIBANO   _____   _____

20. VERONA   _____   _____

EJERCICIO Número 101   **SILABA FINAL <u>SION</u>**

*Escriba la palabra terminada en la sílaba **sión** que se deriva de la palabra afín indicada.*

Ejemplo: **ILUSORIO** ➔ <u>ilusión</u>

1. PROVISOR ➔ _____

2. EVASIVA ➔ _____

3. OBSESIVO ➔ _____

4. CONCLUSIVO ➔ _____

5. REPRESIVO ➔ _____

6. OPRESOR ➔ _____

7. PRECISO ➔ _____

8. EXPRESIVO ➔ _____

9. PROFESOR ➔ _____

10. IMPULSO ➔ _____

11. CONFUSO ➔ _____

12. ADMISIBLE ➔ _____

13. DIVISIBLE ➔ _____

14. POSESIVO ➔ _____

15. TELEVISIVO ➔ _____

16. REGRESO ➔ _____

17. DISCURSO ➔ _____

18. DELUSORIO ➔ _____

19. COMPRENSIBLE ➔ _____

20. PROFUSO ➔ _____

EJERCICIO Número 102   **SILABA FINAL <u>SION</u>**

*Con la ayuda del diccionario escriba la palabra afín a la terminada en <u>sión</u> que aparece en el ejercicio. Recuerde que generalmente la palabra afín termina en uno de estos sufijos: <u>**SO, SOR, SORIO, SIVO, SIBLE**</u> que se escriben son <u>**S**</u>. Por esta razón la sílaba <u>sión</u> se escribe con <u>**S**</u> y <u>**no**</u> con <u>**C**</u>.*

Ejemplo: invasión   ➔   <u>invasor</u>

1.   explosión   ➔   _____

2.   revisión   ➔   _____

3.   conclusión   ➔   _____

4.   precisión   ➔   _____

5.   dispersión   ➔   _____

6.   perversión   ➔   _____

7.   sumisión   ➔   _____

8.   transmisión   ➔   _____

9.   compasión   ➔   _____

10. promisión   ➔   _____

11. convulsión   ➔   _____

12. inclusión   ➔   _____

13. persuasión   ➔   _____

14. emisión   ➔   _____

Nombre _____ Fecha _____

EJERCICIO Número 103   síon vs. ción

*Escriba la palabra terminada en **síon** o en **ción** según convenga, y de acuerdo a las reglas explicadas. Estudie la palabra para determinar su derivación. Escriba una **X** si la palabra se escribe con "**C**".*

Ejemplo:

PALABRA AFIN o INFINITIVO TERMINADO EN DER TER DIR TIR	ción/sión

DIVIDIR	**DIVISOR, DIVISIBLE**	**división**
TERMINAR	**X**	**terminación**
ADMITIR	**INF. TERMINA EN TIR**	**admisión**

1. INVENTAR _____ _____

2. REACCIONAR _____ _____

3. DIVERTIR _____ _____

4. COMPRENDER _____ _____

5. EJECUTAR _____ _____

6. REMITIR _____ _____

7. REPULSAR _____ _____

8. UTILIZAR _____ _____

9. CORROMPER _____ _____

10. EXPLOTAR _____ _____

11. PERSUADIR _____ _____

12. DETENER _____ _____

13. SOMETER _____ _____

14. VISITAR _____ _____

15. CREAR _____ _____

1.   SUFIJO AUMENTATIVO AZO(A)

Se escribe con **Z** las palabras terminadas en el sufijo **AZO**.

Ejemplo: **PERRAZO, ZAPATAZO**

El sufijo **AZO** tiene dos usos principales en castellano:

    a.   **Como aumentativo**:

        GATO + AZO = GATAZO

        Un gato muy grande

    b.   **Como indicador de la idea de golpe:**

        ZAPATO + AZO = ZAPATAZO

        Maté la cucaracha de un ZAPATAZO.
        (golpeándola con un zapato)

2.   SUSTANTIVOS ABSTRACTOS TERMINADOS EN ANZA, EZ, EZA

Se escriben con **Z** los sustantivos abstractos terminados en los sufijos **ANZA, EZ, EZA**.

Ejemplo: **ALABANZA, SENSATEZ, BELLEZA**

Estos sustantivos se llaman **ABSTRACTOS** porque expresan cualidades separadas de los seres u objetos que los poseen, pero que, al mismo tiempo, sólo pueden existir cuando se depositan en un objeto concreto (sustantivo concreto). Así, por ejemplo, no podemos ver la belleza **separadamente**, existiendo **sola**; la apreciamos, más bien, cuando esa cualidad abstracta se revela en un rostro, en un paisaje, en un cuadro. Es decir, que el sustantivo abstracto se "**ve**" cuando está "**dentro**" del sustantivo concreto.

Los sufijos **ANZA, EZ, EZA,** indican que la palabra a la que se les añade posee la **característica** del sustantivo primitivo.

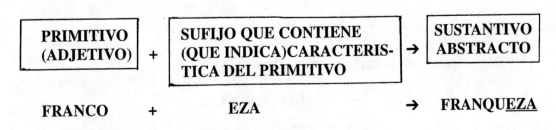

PRIMITIVO (ADJETIVO)	+	SUFIJO QUE CONTIENE (QUE INDICA) CARACTERIS-TICA DEL PRIMITIVO	→	SUSTANTIVO ABSTRACTO
FRANCO	+	EZA	→	FRANQUEZA

Los sustantivos abstractos se derivan de otros adjetivos y de verbos. Los terminados en **EZ** y **EZA** son derivados de adjetivos; en **ANZA,** los de verbos.

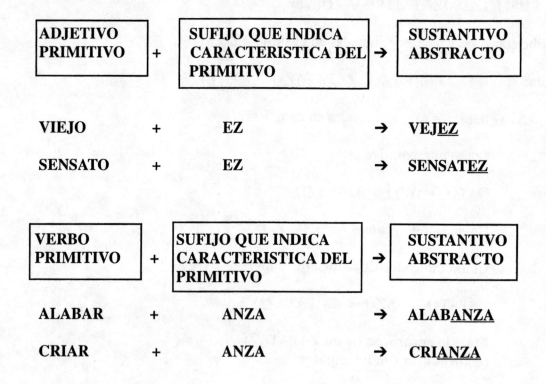

ADJETIVO PRIMITIVO	+	SUFIJO QUE INDICA CARACTERISTICA DEL PRIMITIVO	→	SUSTANTIVO ABSTRACTO
VIEJO	+	EZ	→	VEJEZ
SENSATO	+	EZ	→	SENSATEZ

VERBO PRIMITIVO	+	SUFIJO QUE INDICA CARACTERISTICA DEL PRIMITIVO	→	SUSTANTIVO ABSTRACTO
ALABAR	+	ANZA	→	ALABANZA
CRIAR	+	ANZA	→	CRIANZA

3.   SUFIJO **IZO**

Se escriben con **Z** los adjetivos calificativos terminados en el sufijo **IZO**.

Ejemplo: ROJ**IZO**, PLEGAD**IZO**

Estos adjetivos calificativos se derivan de sustantivos, otros adjetivos y verbos.

El sufijo **IZO** indica en el caso de:

NOMBRES o SUSTANTIVOS - que está al lado o próximo a algo.

Ejemplo: FRONTERA → FRONTER**IZO**

ADJETIVOS - que tira a:

Ejemplo: ROJO →   ROJ**IZO**

VERBOS - que posee la cualidad indicada por el verbo

Ejemplo: PLEGAR →   PLEGAD**IZO**

El sufijo se añade al primitivo (verbo, nombre u otro adjetivo) para producir el adjetivo calificativo derivado.

| NOMBRE PRIMITIVO ADJETIVO PRIMITIVO VERBO PRIMITIVO | + | SUFIJO IZO | → | ADJETIVO CALIFICATIVO DERIVADO |

FRONTERA → (nombre) + IZO → FRONTER**IZO**

ROJO → (adj.) + IZO → ROJ**IZO**

PLEGAR → (verbo) + (d)IZO → PLEGAD**IZO**

DERIVADOS DE NOBRES o SUSTANTIVOS:

NOMBRE PRIMITIVO + **SUFIJO IZO** → **DERIVADO**

    COBRE   +   IZO   → COBR**IZO**

    FRONTERA +   IZO   → FRONTER**IZO**

DERIVADOS DE OTROS ADJETIVOS:

ADJETIVO PRIMITIVO + **SUFIJO IZO** → **DERIVADO**

    ROJO   +   IZO   → ROJ**IZO**

    PLOMO   +   IZO   → PLOM**IZO**

DERIVADOS DE VERBOS:

VERBO PRIMITIVO + **SUFIJO IZO** → **DERIVADO**

    PEGAR   + (d)IZO → PEGAD**IZO**

    OLVIDAR + (d)IZO → OLVIDAD**IZO**

4.   EL SUFIJO VERBAL IZAR

Los verbos terminados en **IZAR** se escriben con **Z**.

El sufijo verbal **IZAR** (y no simplemente **ZAR**) significa generalmente hacer lo que indica el primitivo.

Ejemplo:

CARBON   + IZAR   ➜   **CARBONIZAR**
                                            HACER (como el) CARBON

CRISTAL   + IZAR   ➜   **CRISTALIZAR**
                                            HACER (como el) CRISTAL

ECONOMIA   + IZAR   ➜   **ECONOMIZAR**
                                            HACER ECONOMIA

5.   AJUSTES ORTOGRAFICOS EN VERBOS TERMINADOS EN CER, CIR, DUCIR

Recuerde y observe el sonido de la letra **C** antes de cada una de las vocales.

CA   (suena **K**) ➜ CASA

CO   (suena **K**) ➜ COLA

CU   (suena **K**) ➜ CUBA

PERO

CE   (suena **S/Z**) ➜ CERVANTES

CI   (suena **S/Z**) ➜ CIUDAD

En el verbo **CONOCER** la **C** precede a la vocal **E** y, por lo tanto, se pronuncia (**S/Z**).

Observe y note la siguiente comparación:

RAIZ   +   SUFIJO   **INFINITIVO**

trabaj   +   o   ➜   trabajo   **trabajar**

"trabajo" conserva el sonido de la raíz. Pero nótese lo que sucede con **CONOCER**.

RAIZ   +   SUFIJO   **INFINITIVO**
conoc   +   o   ➜   "conoco"   **conocer**

Se ha producido una alteración en la pronunciación entre **CONOCER** y **"CONOCO"**. Este último se ha separado del sonido original y es necesario **AJUSTAR** la ortografía para mantener el sonido de la raíz.

Ejemplo: CONO**C**ER ➜ CONO**Z**CO

PARE**C**ER ➜ PARE**Z**CO

Estos ajustes son necesarios en el presente del indicativo y subjuntivo como también en las formas corteses (Ud. Uds.) del imperativo.

Ejemplo: <u>**PRESENTE INDICATIVO**</u>   REDUCIR ➜ REDU**Z**CO

<u>**PRESENTE SUBJUNTIVO**</u>   REDUCIR ➜ REDU**Z**CA

<u>**IMPERATIVO**</u> **(sing.**   REDUCIR ➜ REDU**Z**CA(N)
y plural)   **Ud./Uds.**

Estos ajustes ocurren sólo en la primera persona (yo) del presente del indicativo. Las otras personas (tú conoces, él conoce, etc.) no presentan este problema porque la <u>**C**</u> precede a la vocal <u>**E**</u>.

En el subjuntivo, el ajuste es más constante porque la <u>**C**</u> precede a la vocal <u>**A**</u> en todas las personas. Observe:

Yo	CONO**Z**CA
Tú	CONO**Z**CAS
Ud. él/ella	CONO**Z**CA
nosotros	CONO**Z**CAMOS
vosotros	CONO**Z**CAIS
Uds./ellos	CONO**Z**CAN

Estos ajustes ortográficos ocurren con los verbos terminados en <u>**CER**</u> (conocer), <u>**CIR**</u> (lucir) y <u>**DUCIR**</u> (producir).

6. SUFIJOS DIMINUTIVOS **ZUELO, EZUELO**

El sufijo diminutivo **UELO** (**pañuelo**), tiene variaciones en **ZUELO** (**ladronzuelo**) y **EZUELO** (**portezuela**) las cuales se escriben con **Z**.

Aunque este diminutivo no ocurre con tanta frecuencia, aparece en palabras de uso corriente. Por ejemplo, Venezuela, que significa una Venecia pequeña. Las casas de los indios de esa costa, levantadas en estacas, les recordó a los conquistadores la ciudad europea. Este diminutivo puede tener una connotación despectiva como en **mujerzuela.**

7. SUFIJO **zón**

La terminación (sufijo) **zón** que significa acción o efecto, se escribe con **Z**.

Por ejemplo, el resultado o efecto de la acción **HINCHAR** es la **hinchazón**.

El resultado o efecto de la acción **CLAVAR** es la **clavazón**.

EJERCICIO   Número 104   **SUFIJO AUMENTATIVO AZO**

*Escriba los aumentativos terminados en los sufijos **AZO,   AZA, AZOS,   AZAS** de las siguients palabras.*

PALABRA PRIMITIVA	+	SUFIJO AUMENTATIVO	=	AUMENTATIVO DERIVADO

| Ejemplo: | GATAS | + | **AZAS** | = | **GATAZAS** |

1.   RATA   +   _____   =   _____

2.   OJOS   +   _____   =   _____

3.   DEDOS   +   _____   =   _____

4.   PATA   +   _____   =   _____

5.   ANIMALES   +   _____   =   _____

6.   SABLE   +   _____   =   _____

7.   HOMBRE   +   _____   =   _____

8.   GORDO   +   _____   =   _____

9.   DERECHA   +   _____   =   _____

10.   PERRO   +   _____   =   _____

11.   CABEZA   +   _____   =   _____

12.   NARIZ   +   _____   =   _____

13.   BIGOTE   +   _____   =   _____

14.   OREJAS   +   _____   =   _____

15.   UÑA   +   _____   =   _____

EJERCICIO   Número 105   SUFIJO AUMENTATIVO <u>AZO</u>

Escriba el aumentativo de las siguientes palabras indicando la idea de golpe.

PALABRA PRIMITIVA	+	SUFIJO AUMENTATIVO GOLPE	=	AUMENTATIVO DERIVADO
Ejemplo: CODO	+	<u>AZO</u>	=	<u>CODAZO</u>

1.   MANO   +   _____   =   _____

2.   PUÑETE   +   _____   =   _____

3.   LATIGO   +   _____   =   _____

4.   CABEZA   +   _____   =   _____

5.   RODILLA   +   _____   =   _____

6.   TACO   +   _____   =   _____

7.   PALO   +   _____   =   _____

8.   FUETE   +   _____   =   _____

9.   ARAÑON   +   _____   =   _____

10. FLECHA   +   _____   =   _____

11. LADRILLO   +   _____   =   _____

12. DINAMITA   +   _____   =   _____

13. RAQUETA   +   _____   =   _____

14. PALMA   +   _____   =   _____

15. REGLA   +   _____   =   _____

EJERCICIO Número 106　　　　**SUFIJOS <u>AZO</u>, <u>AZA</u>**

*Rellene el espacio en blanco con la palabra (aumentativos <u>**AZO/AZA**</u>) indicadora de la idea de golpe.*

　　Ejemplo:　　**Mi hermano me dio un (codo) <u>codAZO</u>.**

1.　El chico dio un (zapato) _____ contra la puerta.

2.　El policía le dio un (porra) _____ .

3.　Pedro partió el tronco de un (hacha) _____ .

4.　Las cabras se dan de (cabeza) _____ en la primavera.

5.　Lo despertaron con un (balde) _____ de agua fría.

6.　Rompió el coco de un (martillo) _____ .

7.　Mató a la víbora de un (machete) _____ .

8.　Salieron dando (botella) _____ .

9.　Se oían los (cañones) _____ desde muy lejos.

10.　Me saltó un (chispa) _____ a la cara.

11.　Estaba muy disgustado y salió dando un (puerta) _____ .

12.　Dio un (vista) _____ a los documentos.

Nombre _____ Fecha _____

EJERCICIO Número 107 (ANZA)

Escriba los sustantivos abstractos derivados de los siguientes verbos. Recuerde que todos terminan en el sufijo __ANZA__ que se escribe con __Z__.

VERBO PRIMITIVO	+	**SUFIJO QUE CONTIENE CARACTERISTICA DEL PRIMITIVO**	=	**SUSTANTIVO ABSTRACTO**

Ejemplo:
ESPERAR   +   __ANZA__   =   __ESPERANZA__

1. ANDAR _____ _____

2. ALABAR _____ _____

3. ACECHAR _____ _____

4. MATAR _____ _____

5. TARDAR _____ _____

6. FINANCIAR _____ _____

7. USAR _____ _____

8. TEMPLAR _____ _____

9. ADIVINAR _____ _____

10. ESPERAR _____ _____

11. COBRAR _____ _____

12. ENSEÑAR _____ _____

13. CONFIAR _____ _____

14. MUDAR _____ _____

15. LIBRAR _____ _____

EJERCICIO Número 108   **(ANZA)**

*Escriba los sustantivos abstractos derivados de los siguientes verbos. Recuerde que el sufijo **ANZA** se añade al verbo y se escribe con **Z**.*

VERBO PRIMITIVO	+	SUFIJO QUE CONTIENE CARACTERISTICA DEL PRIMITIVO	=	SUSTANTIVO ABSTRACTO

Ejemplo:

CONFIAR	+	**ANZA**	=	**CONFIANZA**

ENGAÑAR _____ _____

FIAR _____ _____

VENGAR _____ _____

ALIAR _____ _____

OLVIDAR _____ _____

CRIAR _____ _____

ASEGURAR _____ _____

DESESPERAR _____ _____

LABRAR _____ _____

). SEMEJAR _____ _____

1. ADIVINAR _____ _____

2. HOLGAR _____ _____

3. AÑORAR _____ _____

4. MEZCLAR _____ _____

5. PUJAR _____ _____

Nombre _____ Fecha _____

EJERCICIO   Número 109   (EZ)

*Escriba los sustantivos abstractos derivados de los siguientes **adjetivos** primitivos. Recuerde que terminan en el sufijo **EZ** que se escribe con **Z**.*

ADJETIVO PRIMITIVO	+	SUFIJO EZ QUE QUIERE DECIR QUE CONTIENE CARACTERISTICA DEL PRIMITIVO	=	SUSTANTIVO ABSTRACTO

Ejemplo: TIMIDO +   **EZ**   =   **TIMIDEZ**

1.   PESADO   _____   _____

2.   ESCASO   _____   _____

3.   DESNUDO   _____   _____

4.   RIDICULO   _____   _____

5.   LUCIDO   _____   _____

6.   ALTIVO   _____   _____

7.   VALIDO   _____   _____

8.   RAPIDO   _____   _____

9.   PALIDO   _____   _____

10.   ESBELTO   _____   _____

11.   HONRADO   _____   _____

12.   ARIDO   _____   _____

13.   ESTRECHO   _____   _____

14.   PLACIDO   _____   _____

15.   REDONDO   _____   _____

EJERCICIO   Número 110   (EZA)

*Escriba los sustantivos abstractos derivados de los siguientes **adjetivos** primitivos. Recuerde que terminan en el sufijo **EZA** que se escribe con **Z**.*

ADJETIVO PRIMITIVO	+	SUFIJO INDICADOR DE CARACTERISTICA DEL PRIMITIVO	=	SUSTANTIVO ABSTRACTO DERIVADO
Ejemplo: BELLO	+	EZA	=	BELLEZA

1.   ASPERO   _____   _____

2.   POBRE   _____   _____

3.   NOBLE   _____   _____

4.   TRISTE   _____   _____

5.   LIMPIO   _____   _____

6.   TORPE   _____   _____

7.   BAJO   _____   _____

8.   REAL   _____   _____

9.   LIGERO   _____   _____

10. GRANDE   _____   _____

11. TIBIO   _____   _____

12. PURO   _____   _____

13. RICO   _____   _____

14. VIL   _____   _____

15. NATURAL   _____   _____

16. FIRME   _____   _____

EJERCICIO   Número 111   (IZO)

*Escriba el adjetivo calificativo terminado en **IZO** y derivado de los siguientes sustantivos o adjetivos.*

NOMBRE O ADJETIVO	+	SUFIJO IZO	=	ADJETIVO CALIFICATIVO DERIVADO

Ejemplo:

FRONTERA	+	IZO	=	FRONTERIZO

1. MASA _____ _____

2. ROLLO _____ _____

3. CAL _____ _____

4. COBRE _____ _____

5. ROJO _____ _____

6. PLOMO _____ _____

7. ENFERMO _____ _____

8. ENAMORADO _____ _____

9. ANTOJO _____ _____

10. ALBOROTADO _____ _____

11. ENOJADO _____ _____

12. MANCHADO _____ _____

13. CASTO _____ _____

14. PRIMER _____ _____

15. BLANCO _____ _____

16. APRETADO _____ _____

Nombre _____ Fecha _____

EJERCICIO Número 112   (IZO)

*Escriba el adjetivo terminado en **IZO** y derivado de los siguientes verbos.*

VERBO PRIMITIVO	+	SUFIJO IZO	=	ADJETIVO DERIVADO
Ejemplo: PLEGAR +		(D) IZO	=	**PLEGADIZO**
1. QUEBRAR		_____		_____
2. ASUSTAR		_____		_____
3. ESCURRIR		_____		_____
4. CORRER		_____		_____
5. HELAR		_____		_____
6. ESPANTAR		_____		_____
7. ADVENIR		_____		_____
8. MOVER		_____		_____
9. ARROJAR		_____		_____
10. OLVIDAR		_____		_____
11. ALTERAR		_____		_____
12. APAGAR		_____		_____
13. ENGAÑAR		_____		_____
14. LLOVER		_____		_____
15. DESLIZAR		_____		_____

EJERCICIO   Número 113   (IZO)

*Escriba el adjetivo derivado terminado en **IZO** que significa lo indicado en la definición. Escriba también la palabra primitiva.*

DEFINICION	ADJETIVO DERIVADO TERMINADO EN IZO	PALABRA PRIMITIVA
Ejemplo: Que se quiebra fácilmente.	**QUEBRADIZO**	**QUEBRAR**

1. Que se apaga fácilmente. _____ _____

2. Que corre con facilidad. _____ _____

3. Que se plega con facilidad. _____ _____

4. Que se mancha fácilmente. _____ _____

5. Que se enfada fácilmente. _____ _____

6. Que cambia fácilmente. _____ _____

7. Que huye fácilmente. _____ _____

8. Que resbala fácilmente. _____ _____

9. Que se aprieta fácilmente. _____ _____

10. Que se engaña fácilmente. _____ _____

11. Que se puede prestar. _____ _____

12. Que se alborota fácilmente. _____ _____

13. Que se contenta fácilmente. _____ _____

14. Que se puede levantar. _____ _____

15. Que se espanta fácilmente. _____ _____

EJERCICIO Número 114   **SUFIJO VERBAL IZAR**

*El sufijo **IZAR** significa hacer lo que indica el primitivo. Escriba en el espacio apropiado el verbo derivado.*

| PRIMITIVO | + | IZAR = HACER | → | VERBO |

Ejemplo:

SUAVE   + IZAR   →   SUAVIZAR

1.   (el) CAPITAL   + _____   →   _____

2.   ARMONIA   + _____   →   _____

3.   SISTEMA   + _____   →   _____

4.   GENERAL   + _____   →   _____

5.   FECUNDO   + _____   →   _____

6.   VAPOR   + _____   →   _____

7.   SINTETICO   + _____   →   _____

8.   POLITICA   + _____   →   _____

9.   PARTICULAR   + _____   →   _____

10.   VIGOR   + _____   →   _____

11.   VULGAR   + _____   →   _____

12.   MATERIAL   + _____   →   _____

13.   VALOR   + _____   →   _____

14.   FORMAL   + _____   →   _____

15.   ANALISIS   + _____   →   _____

16.   DRAMA   + _____   →   _____

17.   SOCIAL   + _____   →   _____

18.   AUTORIDAD   + _____   →   _____

Nombre _____ Fecha _____

EJERCICIO Número 115   SUFIJO VERBAL IZAR

Escriba el verbo terminado en IZAR que se sugiere en la definición.

Ejemplo: HACER SUFRIR EL MARTIRIO   MARTIRIZAR

1. Sentir simpatía. _____

2. Internar a uno al hospital. _____

3. Hacer estéril. _____

4. Usar exorcismos contra el demonio. _____

5. Hacer o suponer divina a una persona. _____

6. Hacer más profunda una cosa. _____

7. Establecer una colonia. _____

8. Hacer familiar una cosa. _____

9. Producir electricidad en un cuerpo. _____

10. Hacer real una cosa. _____

11. Hacer el total. _____

12. Hacer patente. _____

13. Gobernar tiránicamente. _____

14. Reducir a esclavitud. _____

15. Hacer fértil. _____

16. Hablar con ironía. _____

17. Unirse fraternalmente. _____

18. Poner método en una cosa. _____

19. Reunir en un centro común. _____

20. Dar forma española. _____

JERCICIO   Número 116   (AJUSTES ortográficos (**Z**) Verbos terminados
                                en **CER,   CIR,   DUCIR**)

*Rellene el **presente del indicativo** del verbo en las formas indicadas por el pronombre.*

Ejemplo: CONOCER   Yo <u>**CONOZCO**</u>   Tú <u>**CONOCES**</u>

	ABORRECER	Yo _____	Tú	_____
	BENDECIR	Ellos _____	Tú	_____
	CARECER	Yo _____	Tú	_____
	COMPLACER	El _____	Nos.	_____
	OBEDECER	Tú _____	Yo	_____
	LUCIR	Yo _____	Ud.	_____
	INTRODUCIR	Yo _____	Ellos	_____
	COMPADECER	Ella _____	Nos.	_____
	RELUCIR	Usted _____	El	_____
0.	PRODUCIR	Ella _____	Yo	_____
1.	REDUCIR	Tú _____	Yo	_____
2.	TRADUCIR	Yo _____	Ellos	_____
3.	DEDUCIR	El _____	Usted	_____
4.	CONDUCIR	Nos. _____	Yo	_____
5.	AGRADECER	Yo _____	Nos.	_____

Nombre _____ Fecha _____

EJERCICIO   Número 117   (Ajustes ortográficos (Z).
                                      Verbos terminados en **CER, CIR, DUCIR**)

*Rellene el **presente subjuntivo** del verbo en las formas señaladas.*

Ejemplo: PERMANECER (YO)   PERMANEZCA

1.   FLORECER   (Las flores)   _____

2.   FAVORECER   (El)   _____

3.   CONVENCER   (Tú)   _____

4.   AMANECER   (El día)   _____

5.   OFRECER   (Ellos)   _____

6.   ESPARCIR   (Uds.)   _____

7.   UNCIR   (Tú)   _____

8.   FRUNCIR   (Ella)   _____

9.   ESPARCIR   (Nosotros)   _____

10. DEDUCIR   (El)   _____

11. REDUCIR   (Yo)   _____

12. INTRODUCIR   (Ellos)   _____

13. PRODUCIR   (Ud.)   _____

14. TRADUCIR   (Tú)   _____

15. CONDUCIR   (Nosotros)   _____

JERCICIO Número 118 (Ajustes ortográficos (Z).
Verbos terminados en **CER, CIR, DUCIR**)

Escriba en el espacio señalado la forma apropiada del imperativo.

Ejemplo: (OFRECER) <u>OFREZCA</u> Ud. una bebida.

(COMPADECER) _____ Ud. a su amigo.

(OBEDECER) _____ tú a tu mamá.

(OFRECER) _____ Nosotros un vaso de vino.

(VENCER) _____ Ud. a sus enemigos.

(TORCER) _____ Ud. la cuerda.

(ESPARCIR) _____ Ud. las buenas nuevas.

(LUCIR) _____ Uds. sus vestidos.

(CONDUCIR) _____ Ud. con cuidado.

(PRODUCIR) _____ nosotros un buen coche.

0. (INTRODUCIR) _____ nosotros las mercancías.

1. (OBEDECER) _____ Uds. al profesor

2. (CONDUCIR) _____ nosotros ahora.

3. (COMPADECER) _____ Uds. a su hermano.

4. (VENCER) _____ nosotros el partido.

5. (INTRODUCIR) _____ Ud. al médico en la
sala.

EJERCICIO Número 119   (Ajustes ortográficos (Z) Verbos terminados en CER, CIR, DUCIR)

Escriba en el espacio señalado la forma del verbo que convenga.

Ejemplo: Ojalá que el portero me (CONOCER- pres. subj.) conozca.

1.   El extranjero no me (CONOCER- pres. ind.) _____.

2.   Ellos me (OFRECER- pres. ind.) _____ dinero.

3.   Quiere que tú me (OBEDECER- pres. subj) _____.

4.   Señor, (TRADUCIR- imperativo) _____ la frase, por favor.

5.   El día (AMANECER- pres. ind.) _____ nublado.

6.   Ojalá que ellos (COMPLACER- pres. subj.) _____ a mi tía.

7.   Si es necesario yo (REDUCIR- pres. ind.) _____ mis gastos.

8.   Es importante que tú (VENCER- pres. subj.) _____ a tu rival.

9.   Mario, no (PERMANECER- imperativo) _____ allí mucho tiempo.

10. Ojalá que ella los (CONVENCER- pres. subj.) _____.

11. Ustedes (LUCIR- pres. ind.) _____ muy bien.

12. Nosotros no (FAVORECER- pres. ind.) _____ a este candidato.

13. El (DEDUCIR- pres. ind.) _____ poco del discurso.

14. (CONDUCIR- imperativo) _____ Ud. el coche.

15. Espero que esta fábrica (PRODUCIR- pres. subj.) _____ muchos automóviles.

EJERCICIO Número 120   (ZUELO, ZUELA, EZUELO, EZUELA)

El sufijo diminutivo ZUELO, (EZUELO) se escribe con Z. Este diminutivo funciona generalmente como despectivo.
Escriba los diminutivos de las siguientes palabras con las modificaciones ortográficas necesarias.

NOMBRE PRIMITIVO	+	SUFIJO DIMINUTIVO ZUELO, ZUELA, EZUELO, EZUELA	=	DIMINUTIVO

Ejemplo:

PUERTA	+	EZUELA	=	PORTEZUELA

1. LADRON   + _____ = _____

2. MUJER   + _____ = _____

3. PLAZA   + _____ = _____

4. BESTIA   + _____ = _____

5. PINTOR   + _____ = _____

6. PIEDRA   + _____ = _____

7. HOMBRE   + _____ = _____

8. REY   + _____ = _____

9. JOVEN   + _____ = _____

10. ESCRITOR   + _____ = _____

11. FUENTE   + _____ = _____

12. CUESTA   + _____ = _____

13. POBRE   + _____ = _____

14. TIERRA   + _____ = _____

15. HUERTO   + _____ = _____

EJERCICIO   Número 121   (<u>ZON</u>)

Escriba la palabra que significa el efecto de la acción del verbo.

ACCION INFINITIVO DEL VERBO	+	SUFIJO ZON	=	EFECTO

| | Ejemplo: | QUEMAR | + | <u>zón</u> | = | <u>quemazón</u> |

1.   TRABAR   + _____ = _____

2.   LIGAR   + _____ = _____

3.   PICAR   + _____ = _____

4.   HINCHAR   + _____ = _____

5.   REVENTAR   + _____ = _____

6.   CLAVAR   + _____ = _____

7.   ARMAR   + _____ = _____

8.   CARGAR   + _____ = _____

9.   SEGAR   + _____ = _____

10. ARRUMAR   + _____ = _____

11. GRABAR   + _____ = _____

12. RASCAR   + _____ = _____

13. TRAGAR   + _____ = _____

14. ESTREMECER   + _____ = _____

15. TROPEZAR   + _____ = _____

LA LETRA "H"

Esta letra no corresponde a ningún sonido porque en castellano la letra **"H"** no se pronuncia. Se escriben, sin embargo, con **H** muchas palabras de uso corriente.

ORTOGRAFIA DE LA LETRA "H"

Se escriben con **"H"**:

1. Muchos verbos de uso generalizado

Observe y **MEMORICE** la ortografía de los siguientes verbos:

HABER	HABITAR	HABITUAR	HABLAR
HACER	HALAGAR	HALLAR	HARTAR
HELAR	HASTIAR	HECHIZAR	HEREDAR
HERIR	HERVIR	HINCHAR	HINCAR(SE)
HILAR	HUMEAR	HONDEAR	HONRAR
HUIR	HIPNOTIZAR	HUMILLAR	HOSPITALIZAR
HUNDIR	HOSPEDAR	HUMANIZAR	HORRORIZARSE

Estos verbos conservan la **H** en todos sus modos y tiempos.

Ejemplo: **H**ABLAR, **H**ABLE, **H**ABLABA, **H**ABLARE, etc.

Las palabras derivadas de estos verbos se escriben también con **H**.

Ejemplo:
HABLAR → **H**ABLADOR, **H**ABLANTE, **H**ABLADURIA, etc.

2. Las sílabas iniciales HIA, HIE, HUE, HIU

Se escriben con **H** las sílabas iniciales **HIA, HIE, HUE, y HUI** como:

HIAto, **HIE**lo, **HUE**vo, **HUI**da.

La mayoría empiezan con las sílabas **HIE**, y **HUE**.

3. Las palabras que empiezan por los prefijos HIDR-HIPER-HIPO

Se escriben con **H** inicial las palabras que empiezan por los sonidos **IDR, IPER, IPO**.

HIDRO (del griego "HYDOR" agua)

HIPER (del griego que significa superioridad o exceso)

HIPO   (del griego que significa inferioridad y también de "HIPPOS" que significa <u>caballo</u>).

HIDRAULICO, HIDROAVION, HIPERFUNCION, HIPERTENSO, HIPOPOTAMO, HIDROFOBIA.

4.   <u>Palabras con "H" intermedia</u>

Memorice las siguientes palabras de uso corriente.

1. DESHUMANIZAR	8. ALMOHADA	15. DESHONRAR
2. AHOGAR	9. ANHELO	16. AHI
3. AHORA	10. COHESION	17. EXHIBICION
4. AHORCAR	11. COHETE	18. INHALAR
5. AHORRAR	12. DESHACER	19. INHERENTE
6. ALCOHOL	13. DESHOJAR	20. VEHEMENTE
7. ALHAJA	14. DESHONESTO	21. VEHICULO

5.   <u>El verbo "HABER"</u>

El verbo <u>HABER</u> es muy importante en castellano porque se emplea frecuentemente. Dos son sus usos más comunes:

a.   <u>HABER</u> como verbo <u>UNIPERSONAL</u>.

Aparece siempre en la tercera persona del singular y así debe usarse aunque el nombre que lo acompañe sea plural. Se ha generalizado, usar el plural de esta forma, especialmente <u>HABIAN</u>. (Habían tres gatos).

<u>HAY</u> tres gatos.   (forma unipersonal)

<u>HUBO</u> tres gatos.   (y no <u>hubieron</u> tres gatos)

<u>HABIA</u> tres gatos.   (y no <u>habían</u> tres gatos)

<u>HABRA</u> tres gatos.   (y no <u>habrán</u> tres gatos)

Ha <u>habido</u> dos accidentes.   (y no, <u>han</u> <u>habido</u> dos accidentes)
Hubiera <u>habido</u> dos accidentes. (y no, <u>hubieran</u> <u>habido</u>
                                                   dos accidentes)

b.   **HABER como verbo <u>AUXILIAR</u>**

Aparece como auxiliar de todos los verbos sin excepción en las formas llamadas compuestas.

HE hablado, **HUBO** comido, **HABIA** bailado, **HABRA** llamado, etc.

CONJUGACION DEL VERBO HABER

MODO INDICATIVO

PRESENTE	PRESENTE PERFECTO	
he	he	habido
has	has	habido
ha	ha	habido
hemos o habemos	hemos	habido
habéis	habéis	habido
han	han	habido

PRETERITO	PRETERITO ANTERIOR	
hube	hube	habido
hubiste	hubiste	habido
hubo	hubo	habido
hubimos	hubimos	habido
hubisteis	hubisteis	habido
hubieron	hubieron	habido

IMPERFECTO	PLUSCUAMPERFECTO	
había	había	habido
habías	habías	habido
habíamos	habíamos	habido
habíais	habíais	habido
habían	habían	habido

FUTURO	FUTURO PERFECTO	
habré	habré	habido
habrás	habrás	habido
habrá	habrá	habido
habremos	habremos	habido
habréis	habréis	habido
habrán	habrán	habido

MODO SUBJUNTIVO

PRESENTE		PRESENTE PERFECTO	
haya		haya	habido
hayas		hayas	habido
haya		haya	habido
hayamos		hayamos	habido
hayáis		hayáis	habido
hayan		hayan	habido

IMPERFECTO		PLUSCUAMPERFECTO		
hubiera	o hubiese	hubiera	o hubiese	habido
hubieras	o hubieses	hubieras	o hubieses	habido
hubiera	o hubiese	hubiera	o hubiese	habido
hubiéramos	o hubiésemos	hubiéramos	o hubiésemos	habido
hubierais	o hubieseis	hubierais	o hubieseis	habido
hubieran	o hubiesen	hubieran	o hubiesen	habido

FUTURO	FUTURO PERFECTO	
hubiere	hubiere	habido
hubieres	hubieres	habido
hubiere	hubiere	habido
hubiéremos	hubiéremos	habido
hubiereis	hubiereis	habido
hubieren	hubieren	habido

MODO CONDICIONAL

SIMPLE	COMPUESTO	
habría	habría	habido
habrías	habrías	habido
habría	habría	habido
habríamos	habríamos	habido
habríais	habríais	habido
habrían	habrían	habido

MODO IMPERATIVO

he (no hayas), haya, hayamos, habed (no hayáis), hayan.

FORMAS NO PERSONALES DE HABER

SIMPLES		COMPUESTAS	
INFINITIVO:	haber	**INFINITIVO:**	haber habido
GERUNDIO:	habiendo	**GERUNDIO:**	habiendo habido
PARTICIPIO:	habido		

EL VERBO "HABER" COMO IMPERSONAL

INDICATIVO

PRESENTE: ha o hay

PRETERITO: hubo

IMPERFECTO: había

FUTURO: habrá

PRESENTE PERFECTO: ha habido

PLUSCUAMPERFECTO: había habido

PRETERITO PERFECTO: hubo habido

FUTURO PERFECTO: habrá habido

SUBJUNTIVO

PRESENTE: haya

PRETERITO: hubiera o hubiese

FUTURO: hubiere

PRESENTE PERFECTO: haya habido

PLUSCUAMPERFECTO: hubiera habido o hubiese habido

FUTURO PERFECTO: hubiere habido

6.   **A vs. HA**

La confusión entre la preposición y la forma del verbo **haber** (**HA** comido) es muy extendida. Puesto que la **H** del verbo **HABER** no suena cuando se dice: El **ha** comido, ella **ha** comido, Ud. **ha** comido, existe la tendencia a olvidarse de la **H** y escribir el verbo haber **INCORRECTAMENTE.**

INCORRECTO	**CORRECTO**
El **a** comido	El **ha comido.**
Ella **a** comido	Ella **ha comido.**

Observe el uso y contraste entre la preposición **A** y **HA** del verbo **HABER.**

PREPOSICION vs.	**VERBO HABER**
Voy **a** mi casa.	**Ha** ido a la casa.
Llega **a** las tres.	**Ha** llegado en la tarde.

Cuando haya duda, recuerde que la forma **ha** (de **HABER**) va combinada con el participio pasado (comido, bailado)

Ejemplo:	**ha**	**bailado**	**ha**	**escrito**
	ha	**llevado**	**ha**	**visto**

El segundo elemento (bailado, etc.) es el participio pasado.

7. HABER vs. A VER

Hay también confusión entre **HABER** y **A VER** porque suenan igual (homófonos). **A VER** se refiere a la percepción visual (con los ojos).

Ejemplo: Voy **A VER** una película.

Voy **A VER** a mi novia.

HABER es el infinitivo del verbo auxiliar y unipersonal. En esa construcción aparece siguiendo a otro verbo.

Ejemplo: Va a **HABER** una fiesta mañana.

Debe **HABER** un farol en esa esquina.

8. HACER vs. A SER

Existe también confusión entre **HACER** y **A SER** porque suenan igual (homófonos).

HACER significa crear, producir una cosa.

Ejemplo: Mi papá va a **HACER** una mesa.

En esa fábrica van a **HACER** tractores.

SER es lo que se afirma del sujeto, significa también existir, etc.

Ejemplo: Mi hermano va a **SER** médico.

Ese chico va a **SER** un buen jugador de fútbol.

EJERCICIO   Número   122   **(Verbos que se escriben con "H")**

Escriba en el espacio designado la forma del verbo que convenga de acuerdo al ejemplo.

Ejemplo: **HABLAR**

Ahora yo	hablo
Ayer ella	habló
Mañana ellos	hablarán
Ojalá que tú	hables

1.   **HINCARSE**

Ahora yo   _____

Ayer ella   _____

Mañana ellos   _____

Ojalá que tú   _____

2.   **HALLAR**

Hoy yo   _____

Ayer ella   _____

Mañana ellos   _____

Ojalá que tú   _____

3.   **HOJEAR**   **(una revista)**

Ahora yo   _____

Ayer ella   _____

Mañana ellos   _____

Ojalá que tú   _____

4.   **HUIR**

Hoy yo   _____

Ayer ella   _____

Mañana ellos   _____

Ojalá que tú   _____

5.   **HILAR**

Ahora yo   _____

Ayer ella   _____

Mañana ellos   _____

Ojalá que tú   _____

6.   **HACER**

Hoy yo   _____

Ayer ella   _____

Mañana ellos   _____

Ojalá que tú   _____

7.   **<u>HERVIR</u>**

Ahora yo   _____

Ayer ella   _____

Mañana ellos   _____

Ojalá que tú   _____

8.   **<u>HELARSE</u>**

Hoy yo   _____

Ayer ella   _____

Mañana ellos   _____

Ojalá que tú   _____

9.   **<u>HABITAR</u>**

Ahora yo   _____

Ayer ella   _____

Mañana ellos   _____

Ojalá que tú   _____

10.   **<u>HUNDIRSE</u>**

Hoy yo   _____

Ayer ella   _____

Mañana ellos   _____

Ojalá que tú   _____

11.   **<u>HABLAR</u>**

Ahora yo   _____

Ayer ella   _____

Mañana ellos   _____

Ojalá que tú   _____

12.   **<u>HONRAR</u>**

Hoy yo   _____

Ayer ella   _____

Mañana ellos   _____

Ojalá que tú   _____

EJERCICIO Número 123   **(Verbos que se escriben con "H")**

*Escriba en el espacio designado el sustantivo (siempre diferente) derivado del verbo. Recuerde que los derivados también se escriben con **H**. Ayúdese con el diccionario.*

Ejemplo: **HABITAR → HABITANTE**

1.   HUNDIR   →   _____

2.   HUMEAR   →   _____

3.   HUIR   →   _____

4.   HINCHAR   →   _____

5.   HELAR   →   _____

6.   HALLAR   →   _____

7.   HACER   →   _____

8.   HERIR   →   _____

9.   HERRAR   →   _____

10.   HABLAR   →   _____

11.   HUNDIR   →   _____

12.   HERIR   →   _____

13.   HERRAR   →   _____

14.   HALLAR   →   _____

15.   HINCHAR   →   _____

16.   HURTAR   →   _____

17.   HABLAR   →   _____

18.   HELAR   →   _____

Nombre _____ Fecha _____

EJERCICIO   Número 124   (Sílaba inicial "HIE")

*Encuentre diez palabras con la sílaba inicial **HIE** y escriba brevemente su significado.*

Ejemplo: HIERRO   METAL DUCTIL

1. _____ _____

_____

2. _____ _____

_____

3. _____ _____

_____

4. _____ _____

_____

5. _____ _____

_____

6. _____ _____

_____

7. _____ _____

_____

8. _____ _____

_____

9. _____ _____

_____

10. _____ _____

_____

EJERCICIO Número 125   (Sílaba inicial "HUE")

*Encuentre diez palabras con la sílaba inicial **HUE** y escriba brevemente su significado.*

Ejemplo: HUELLA   <u>Señal de pie de hombre o animal en el terreno.</u>

1.   _____ _____

         _____

2.   _____ _____

         _____

3.   _____ _____

         _____

4.   _____ _____

         _____

5.   _____ _____

         _____

6.   _____ _____

         _____

7.   _____ _____

         _____

8.   _____ _____

         _____

9.   _____ _____

         _____

10. _____ _____

         _____

EJERCICIO   Número 126   **(Palabras que comienzan por los prefijos**
                                    HIDR, HIPER, HIPO)

*Encuentre nueve palabras que comiencen por los prefijos **HIDR, HIPER,** e **HIPO** y escriba brevemente su significado.*

Ejemplo: **(HIDR)**   **HIDRA**   **Culebra acuática.**

                (HIPER)   **HIPERTENSION**   **Tensión excesivamente alta.**

                (HIPO)   **HIPOCRITA**   **Que finge virtud.**

1.   (HIDR)   _____   _____

                                          _____

2.   (HIDR)   _____   _____

                                          _____

3.   (HIDR)   _____   _____

                                          _____

1.   (HIPER)   _____   _____

                                          _____

2.   (HIPER)   _____   _____

                                          _____

3.   (HIPER)   _____   _____

                                          _____

1.   (HIPO)   _____   _____

                                          _____

2.   (HIPO)   _____   _____

                                          _____

3.   (HIPO)   _____   _____

EJERCICIO Número 127 Verbo "HABER"

*Escriba las formas <u>unipersonales</u> del verbo **HABER** de acuerdo al ejemplo.*

Ejemplo: <u>HABER</u>

   <u>HAY</u>   **(presente) dos fiestas hoy.**

   <u>HUBO</u>   **(pretérito) una fiesta ayer.**

   <u>HABIA</u>   **(imperfecto) una fiesta ayer.**

   <u>HABRA</u>   **(futuro) una fiesta mañana.**

   <u>HA HABIDO</u>   **(pres. perfecto) una fiesta hace dos horas.**

1. _____ (pretérito) dos accidentes en esa esquina ayer.

2. _____ (presente) una conferencia de prensa ahora.

3. _____ (imperfecto) dos policías parados en la puerta del bar.

4. _____ (futuro) unas conferencias el mes que viene.

5. _____ (pres. perfecto) varios accidentes en esta calle.

6. _____ (presente) veinte alumnos en la clase de español.

7. _____ (imperfecto) una linda chica esperándote.

8. _____ (pretérito) un programa especial anoche.

9. _____ (futuro) muchas cosas que hacer.

10. _____ (pres. perfecto) gran confusión en la casa.

11. _____ (presente) varios libros en la mesa.

12. _____ (imperfecto) una tienda en esta esquina.

13. _____ (pretérito) dos explosiones ayer.

14. _____ (pres. perfecto) unos espéctaculos fantásticos.

15. _____ (presente) algunos estudiantes esperándote.

EJERCICIO Número 128 Verbo "HABER"

*Guiándose por la tabla de verbos, escriba en el espacio designado el tiempo y el modo del auxiliar **HABER** que se requiera. Recuerde que todas las formas se escriben con **H**. **HABER**, como **AUXILIAR**, se conjuga sólo en las formas compuestas.*

| | Ejemplo: | Yo **HE** comido | (Ind. pres. perfecto) |

1. El _____ comido. (Ind. pres. perfecto)

2. Yo _____ comido. (Ind. pretérito anterior)

3. Tú _____ comido. (Ind. pluscuamperfecto)

4. Ellos _____ comido. (Ind. futuro perfecto)

5. Ud. _____ comido. (Subj. pres. perfecto)

6. Uds. _____ comido. (Subj. pluscuamperfecto)

7. Yo _____ comido. (Condic. compuesto)

8. Ella _____ comido. (Ind. pres. perfecto)

9. Nosotros _____ comido. (Ind. pluscuamperfecto)

10. Tú _____ comido. (Ind. pluscamperfecto)

11. Ellos _____ comido. (Ind. futuro perfecto)

12. Yo _____ comido. (Subj. pres. perfecto)

13. Ud. _____ comido. (Subj. pluscuamperfecto)

14. Ella _____ comido. (Condic. compuesto)

15. Nosotros _____ comido. (Subj. futuro perfecto)

16. Tú _____ comido. (Ind. pluscuamperfecto)

17. Ud. _____ comido. (Ind. futuro perfecto)

18. Yo _____ comido. (Subj. pluscuamperfecto)

19. Tú _____ comido. (Ind. presente perfecto)

20. Ella _____ comido. (Subj. pres. perfecto)

EJERCICIO   Número 129   (<u>A</u> vs. <u>HA</u>)

Transforme el presente al presente perfecto del indicativo según el ejemplo.

Ejemplo: **EL COME**   →   <u>**HA**</u>   <u>**COMIDO**</u>

1.   Ella trabaja   →   _____   _____

2.   El viaja   →   _____   _____

3.   Usted ama   →   _____   _____

4.   Ella quiere   →   _____   _____

5.   El rompe   →   _____   _____

6.   Usted cocina   →   _____   _____

7.   Ella cuida   →   _____   _____

8.   El pinta   →   _____   _____

9.   Usted baila   →   _____   _____

10.   Ella juega   →   _____   _____

11.   El toca   →   _____   _____

12.   Usted salta   →   _____   _____

13.   Ella nada   →   _____   _____

14.   El estudia   →   _____   _____

15.   Usted escribe   →   _____   _____

16.   Ella oye   →   _____   _____

17.   El escucha   →   _____   _____

18.   Usted patea   →   _____   _____

19.   Ella mira   →   _____   _____

20.   El lee   →   _____   _____

Nombre _____ Fecha _____

EJERCICIO   Número 130   (**A** vs. **HA**)

Escriba la preposición **A** *o la forma* **HA** *del verbo* **HABER** *según convenga.*

Ejemplo: Cervantes **HA** escrito El Quijote y **HA** inmortalizado **A** su caballo Rocinante.

1.   Visité _____ María; ella _____ estado enferma.

2.   Espero _____ un amigo que _____ llegado hace poco por tren.

3.   El _____ llamado _____ su hermana.

4.   Todos lo respetan como _____ un rey pues _____ ganado la lotería.

5.   La maestra _____ premiado _____ un buen alumno.

6.   Hoy Arturo _____ estado trabajando _____ más no poder.

7.   Ayudó _____ todos sus amigos; _____ trabajado duro.

8.   El chico dice _____ la maestra que él no _____ estudiado.

9.   Ella _____ telefoneado _____ su novio Enrique.

10.   El profesor _____ hecho la pregunta _____ la alumna.

11.   Mi tío _____ mandado un regalo _____ mis padres.

12.   Doy el premio _____ Roberto porque él _____ hecho la tarea.

13.   La mamá _____ abrazado _____ su hija menor.

14.   El _____ enseñado a todos pero no _____ mí.

15.   Ella _____ asistido _____ un concierto fantástico.

16.   El abuelo _____ dejado todo su dinero _____ sus hijos.

17.   Alejandro le _____ recitado una linda poesía _____ su novia

18.   Jorge _____ invitado _____ todos _____ la fiesta.

19.   ¿ _____ quién _____ escrito tu hermana?

20.   Usted no _____ dicho nada _____ nadie.

194

EJERCICIO Número 131   (<u>HABER</u> vs. <u>A VER</u>)

Escriba siete frases que contengan el infinitivo **_HABER_** *y cinco más que contengan las* *palabras* **_A VER_**.

Ejemplo: **Ahora debe <u>haber</u> turistas en el hotel.**

                        Hoy voy <u>a ver</u> a mis amigos.

(<u>HABER</u>)

1. _____

2. _____

3. _____

4. _____

5. _____

6. _____

7. _____

(<u>A VER</u>)

1. _____

2. _____

3. _____

4. _____

5. _____

6. _____

7. _____

EJERCICIO   Número 132   (A **SER** vs. **HACER**)

*Rellene el espacio con **SER** o **HACER** según convenga.*

Ejemplo: **Va a** <u>ser</u> **hora de comer.**

El no va a <u>hacer</u> **nada hoy**

1.   ¿Ustedes, no van a _____ abogados cuando acaben su carrera?

2.   Dentro de unos minutos va a _____ medianoche.

3.   Mi padre va a _____ una casa grande.

4.   Todavía no sabe lo que va a _____ para celebrar su cumpleaños.

5.   Mamá va a _____ una torta de chocolate.

6.   No va a _____ su trabajo hoy.

7.   Sí, voy a _____ ingeniero dentro de dos años.

8.   Nosotros vamos a _____ una mesa muy buena.

9.   Ella va a _____ una buena candidata.

10.   El cocinero va a _____ un asado.

11.   Dice que no va a _____ la tarea.

12.   Nuestro aniversario va a _____ mañana.

13.   Mi tío llegó a _____ médico.

14.   ¿Quién nos va a _____ la comida?

15.   Yo quiero llegar a _____ maestro.

ORTOGRAFIA DEL FONEMA "J"

El sonido de este fonema siempre va representado por la letra **J** delante de **A, O** y **U**. El sonido de la letra **"j"** puede representarse con las letras **J** y **G** delante de las vocales **E/I** (ver 2.3)

SONIDO DE LA "J"

JARRO	**GATO**
PASAJE	**GENTE**
AJI	**BIOLOGIA**
PIOJO	**GOTA**
JULIO	**GUSTAVO**

Como se puede ver por el diagrama, podría haber dudas ortográficas cuando se quiere representar el sonido **J** delante de las vocales **E/I**.

9.2 ORTOGRAFIA DE LA LETRA "J"

1.   **Nombres terminados en jero, jería**

Se escriben con **J** los nombres que terminan en **jero, jería**.

jero (sufijo **ERO**) puede significar:

    oficio → LIBRO   → LIBR**ERO**

    lugar → BASURA   → BASUR**ERO**

jería (sufijo **IA** combinado en **ERIA**) puede significar:

    lugar donde se vende, repara o se hace un producto.

    reloj   →   reloj**ero** → reloj**ería**

    zapato   →   zapat**ero** → zapat**ería**

2. **Nombres terminados en el sufijo AJE**

El sufijo **AJE** se escribe con **J**. Puede tener varios significados. Cuando se une a un verbo, expresa acción o derechos a pagar:

abordar	→ **abordaje**	(acción de abordar)
almacenar	→ **almacenaje**	(derecho que se paga por almacenar una cosa)

Cuando se une a nombres expresa generalmente conjunto o colectivo y acción.

   ramas → **ramaje** (conjunto de ramas)

3. **DECIR y verbos terminados en DUCIR**

El verbo **DECIR** y otros que lo contienen como **BENDECIR** y **MALDECIR**, se escriben con **J** en el <u>pretérito</u> (**DIJE**), en el <u>imperfecto del subjuntivo</u> (**DIJERA**) y en el <u>futuro del subjuntivo</u> (**DIJERE**).

Los verbos que terminan en **DUCIR** (**INTRODUCIR**, **INDUCIR**, **PRODUCIR**) se escriben con **"J"** en el <u>pretérito</u> (**PRODUJE**), en el <u>imperfecto del subjuntivo</u> (**PRODUJERA**) y en el <u>futuro del subjuntivo</u> (**PRODUJERE**).

Nombre _____ Fecha _____

EJERCICIO   Número 133   (**JERO, JERIA**) (ero, ería)

*Escriba los oficios y lugares donde se reparan o hacen los objetos señalados a la izquierda. Recuerde que la termminación **JERO** se escribe con la letra "**J**".*

Ejemplo:
CONFITE   →   confit<u>ero</u>   →   confit<u>ería</u>

1.	TINAJA	→ _____	→	_____
2.	CERRAJE	→ _____	→	_____
3.	MENSAJE	→ _____	→	_____
4.	PAN	→ _____	→	_____
5.	CONSEJO	→ _____	→	_____
6.	CARNE	→ _____	→	_____
7.	SOMBRERO	→ _____	→	_____
8.	GRANJA	→ _____	→	_____
9.	ZAPATO	→ _____	→	_____
10.	ESPEJO	→ _____	→	_____
11.	MOLINO	→ _____	→	_____
12.	JOYA	→ _____	→	_____
13.	MINA	→ _____	→	_____
14.	PLATA	→ _____	→	_____
15.	RELOJ	→ _____	→	_____

Nombre _____ Fecha _____

EJERCICIO Número 134 (<u>JERO, JERIA</u>)

Con la ayuda del diccionario, escriba la palabra cuya definición está a la izquierda.

Ejemplo: **Recipiente para el vino**   ➔   <u>**vinajera**</u>

1.   Acción de un granuja ➔   _____

2.   Abertura, hueco, orificio ➔   _____

3.   Joven que le gusta callejear ➔ _____

4.   Persona de otro país ➔ _____

5.   Persona que da consejos ➔   _____

6.   Persona encargada de la caja de un establecimiento

      comercial ➔   _____

7.   Persona que viaja ➔ _____

8.   Hombre que lisonjea ➔ _____

9.   Mancha oscura alrededor del ojo en el párpado inferior➔   _____

10.   Pastor de ovejas ➔   _____

11.   Práctica o acción de las brujas ➔ _____

12.   Persona que vende ropa vieja➔ _____

13.   Mujer que hace encajes por oficio ➔ _____

14.   Vendedor de plumas ➔_____

15.   Oficio de conserje ➔_____

EJERCICIO Número 135 (Sufijo A**JE**)

*Escriba las palabras derivadas de los verbos en la lista que expresan acción o derechos a pagar. Recuerde que este sufijo se escribe con "**J**".*

Ejemplo: **ABORDAR**   abordaje

ALMACENAR   almacenaje

1. APRENDER _____	12. HERRAR _____
2. VISAR _____	13. PILOTEAR _____
3. HOSPEDAR _____	14. PILLAR _____
4. ALMACENAR _____	15. TATUAR _____
5. ARBITRAR _____	16. PEREGRINAR _____
6. ENCAJAR _____	17. ULTRAJAR _____
7. PASAR _____	18. SABOTEAR _____
8. CHANTAJEAR _____	19. MONTAR _____
9. VIRAR _____	20. DRENAR _____
10. ATERRAR _____	21. EMBALAR _____
11. DESEMBALAR _____	22. HOMENAJEAR _____

Nombre _____ Fecha _____

EJERCICIO   Número 136   (Sufijo **AJE**)

Escriba las palabras que expresan el nombre colectivo de las palabras subrayadas.

Ejemplo: **Conjunto de RAMAS**   **ramaje**

1.   Conjunto de **CAMIONES**   _____

2.   Conjunto de **BALCONES**   _____

3.   Conjunto de **CORTINAS**   _____

4.   Conjunto de **ESPUMA**   _____

5.   Conjunto de **VENTANAS**   _____

6.   Conjunto de **MUEBLES**   _____

7.   Conjunto de **PLUMAS**   _____

8.   Conjunto de **OLAS**   _____

9.   Conjunto de **ANDAMIOS**   _____

10..   Conjunto de **TABLAS**   _____

11.   Conjunto de **HIERBAS**   _____

12.   Conjunto de **BILLETES**   _____

13.   Conjunto de **VENDAS**   _____

14.   Conjunto de **TONELADAS**   _____

15.   Conjunto de **BESTIAS** de carga   _____

EJERCICIO   Número 137   (<u>DECIR</u> y verbos terminados en <u>DUCIR</u>)

Escriba   en el espacio señalado los modos, tiempos y personas requeridos de los verbos
DECIR,   BENDECIR,   MALDECIR.

		DECIR	**MALDECIR**	**BENDECIR**
PRETERITO DEL INDICATIVO	yo	_____	_____	_____
	tú	_____	_____	_____
	María	_____	_____	_____
	Juan y Luis	_____	_____	_____
	nosotros	_____	_____	_____
IMPERFECTO DEL SUBJUNTIVO	yo	_____	_____	_____
	tú	_____	_____	_____
	Laura	_____	_____	_____
	mi tío y yo	_____	_____	_____
	ellos	_____	_____	_____
FUTURO DEL SUBJUNTIVO	yo	_____	_____	_____
	ella	_____	_____	_____
	ellos	_____	_____	_____
	nosotros	_____	_____	_____
	tú	_____	_____	_____

EJERCICIO Número 138 (<u>DECIR</u> y verbos terminados en <u>DUCIR</u>)

*Escriba en el espacio señalado los modos, tiempos y personas requeridos, <u>**NO**</u> todos los verbos se escriben con "**J**".*

Ejemplo: **PRO<u>DUCIR</u>** **(pretérito ind.)**   Yo **<u>produje</u>**

(imperfecto ind.)   Ella **<u>producía</u>**

1.	DECIR	(imperfecto subjuntivo)	Tú	_____
2.	REDUCIR	(imperfecto subjuntivo)	Ella	_____
3.	INTRODUCIR	(pretérito indicativo)	Yo	_____
4.	CONDUCIR	(presente subjuntivo)	Nosotros	_____
5.	PRODUCIR	(futuro indicativo)	Nosotros	_____
6.	MALDECIR	(pretérito indicativo)	Usted	_____
7.	REDUCIR	(imperfecto subjuntivo)	Ella y yo	_____
8.	CONDUCIR	(condicional simple)	Ellos	_____
9.	CONDUCIR	(pretérito indicativo)	Pedro y él	_____
10.	INDUCIR	(imperfecto subjuntivo)	Tú	_____
11.	DEDUCIR	(futuro subjuntivo)	Nosotros	_____
12.	BENDECIR	(pretérito indicativo)	Yo	_____
13.	CONDUCIR	(presente indicativo)	Tú	_____
14.	DECIR	(imperfecto indicativo)	Ustedes	_____
15.	REDUCIR	(imperfecto subjuntivo)	El y ella	_____

9.3   ORTOGRAFIA DE LA LETRA   "G"

1. **La sílaba GEN**

   Con pocas excepciones la sílaba **GEN** se escribe con **"G"**.
   La sílaba puede ocurrir inicialmente como en **GENTE,** en forma intermedia como en **REGENCIA**, o al final como en **ORIGEN**.

   Las excepciones son:

   COMEJEN, JEJEN, JENGIBRE, AJENJO, OJEN

2. **La sílaba GES.**

   Con pocas excepciones la sílaba **GES** se escribe con **"G"**. La sílaba puede ocurrir inicialmente como en **GESTO**, en forma intermedia como en **SUGESTIVO**, o al final como en **AMBAGES**.

   La excepción más común es: **MAJESTAD**.

3. **Raíces griegas GEO - LOGOS**

   La raíz griega **GEO** que significa <u>tierra</u> se escribe con **G**. Aparece en muchas palabras usadas en las ciencias.

   Ejemplo: GEOGRAFIA, GEOMETRIA, GEODESIA.

   Los derivados de la raíz griega **LOGOS**, que significa <u>estudio</u> o <u>tratado</u>, se escriben con **G**. Los derivados más comunes de esta raíz son las terminaciones **LOGICO, LOGIA**.

   Ejemplo: biológico, biología.

4. **Verbos terminados en GER o GIR**

   Los verbos que terminan en la sílaba **GER** o **GIR** se escriben con **G**.

   Ejemplo: ACOGER, PROTEGER, FINGIR, INFLIGIR

Casi todas las formas verbales de estos verbos se escriben con **G**.

Ejemplo:

RECOGER = RECOGE, RECOGERE, RECOGIDO,

RECOGERIA, etc.

Por causa del modo y del tiempo del verbo la **G** de la raíz se coloca a veces delante de las vocales <u>a</u>, <u>o</u>, <u>u</u>. En este caso habrá que <u>preservar el sonido</u> del infinitivo <u>original cambiando la **G** por **J**</u>.

Ejemplo:

RECOGER	→	yo recoJo	**(indicativo)**
		él recoJa	**(subjuntivo)**
		recoJan	**(imperativo)**
FINGIR	→	yo finjo	**(indicativo)**
		él finje	**(subjuntivo)**
		finja	**(imperativo)**

EJERCICIO   Número 139   (Sílabas "GEN" y "GES")

*Escriba en el espacio designado la sílaba **GEN** o **GES** según convenga y la palabra completa a la derecha.*

| **Ejemplo:** | __gen__ tío | → | **gentío** |

| **Di __ges__ tivo** | → | **digestivo** |

1.   A _____ te   →   _____

2.   _____ to   →   _____

3.   Negli _____ te   →   _____

4.   Su _____ tionar   →   _____

5.   Vir _____   →   _____

6.   Ur _____ te   →   _____

7.   Diri _____ te   →   _____

8.   Mar _____   →   _____

9.   Con _____ tivo   →   _____

10.   _____ til   →   _____

11.   Exi _____ te   →   _____

12.   Re _____ cia   →   _____

13.   Sar _____ to   →   _____

14.   Ori _____   →   _____

15.   Inteli _____ te   →   _____

16.   Ima _____   →   _____

17.   _____ ta   →   _____

18.   _____ tileza   →   _____

19.   Di _____ tión   →   _____

20.   _____ darme   →   _____

Nombre _____ Fecha _____

EJERCICIO   Número 140   (<u>GEO</u>, <u>LOGOS</u>)

Escriba la palabra que significa el nombre de la ciencia, el adjetivo que se refiere a esa ciencia y la persona que la estudia.

Ejemplo: BIO (vida) + LOGOS (estudio de)

		<u>CIENCIA</u>	<u>ADJETIVO</u>	<u>Persona que la estudia</u>
		biología	biológico	biólogo
1.	ANTROPO	(hombre)		
2.	ARQUEO	(antiguo)		
3.	ASTRO	(estrella)		
4.	CRONO	(tiempo)		
5.	CARDI	(corazón)		
6.	ETIMO	(origen)		
7.	FITO	(planta)		
8.	LEXICO	(lenguaje)		
9.	MORFO	(forma)		
10.	NEURO	(nervio)		
11.	COSMO	(mundo)		
12.	ODONTO	(diente)		
13.	ORNITO	(pájaro)		
14.	PSICO	(alma)		
15.	TOXICO	(veneno)		

EJERCICIO Número 141 (<u>GEO</u>, <u>LOGOS</u>)

*Escriba la sílaba **GEO**. Luego, con la ayuda del diccionario, escriba brevemente
su significado.*

Ejemplo:	<u>PALABRA</u>	<u>DEFINICION</u>
<u>geo</u> DESIA	<u>GEODESIA</u>	Ciencia que estudia la forma y dimensión de la tierra.

1. _____ DESIA _____ _____

   _____

2. _____ LOGIA _____ _____

   _____

3. _____ FISICA _____ _____

   _____

4. _____ GENIA _____ _____

   _____

5. _____ GRAFIA _____ _____

   _____

6. _____ NOMIA _____ _____

   _____

7. _____ METRIA _____ _____

   _____

8. _____ POLITICA _____ _____

   _____

9. _____ RAMA _____ _____

   _____

10. _____ TERMIA _____ _____

   _____

EJERCICIO Número 142 (Verbos terminados en <u>GER</u>, <u>GIR</u>)

Escriba en el espacio señalado los modos, tiempos y personas requeridos.

| | **Ejemplo:** | **RECOGER** (presente indicativo) | **Tú <u>RECOGES</u>** |

1. ELEGIR (presente indicativo) Ellos _____

2. PROTEGER (imperfecto subjuntivo) Tú _____

3. AFLIGIR (futuro indicativo) Yo _____

4. CORREGIR (imperfecto indicativo) Ella _____

5. ESCOGER (presente subjuntivo) Nosotros _____

6. DIRIGIR (imperativo) _____ usted

7. EXIGIR (condicional simple) Yo _____

8. FINGIR (pluscuam. indicativo) Ellas _____

9. EMERGER (presente subjuntivo) Yo _____

10. URGIR (presente subjuntivo) El _____

11. SUMERGIR (pretérito indicativo) Tú _____

12. CONVERGER (imperfecto indicativo) Ellos _____

13. SURGIR (pluscuam. subjuntivo) Yo _____

14. RECOGER (imperativo) _____ nosotros

15. DIRIGIR (futuro indicativo) Ella _____

16. ESCOGER (condicional compuesto) Tú _____

17. AFLIGIR (presente indicativo) Yo _____

18. CORREGIR (imperfecto indicativo) Ustedes _____

19. ELEGIR (presente subjuntivo) El _____

20. PROTEGER (imperativo) _____ tú

10.1   ORTOGRAFIA DEL FONEMA "Y/LL"

Existe un fenómeno llamado **yeísmo** que consiste en pronuciar la **"LL"** como una **"Y"**. El yeísmo está muy establecido en España y América lo que ocasiona dudas ortográficas entre la correcta escritura de **Y/LL**.

Por ejemplo, los yeístas, pronuncian la palabra **CALLO → CAYO** y **POLLO → POYO**. Se produce así la duda ortográfica:

CALLO (dureza de la piel) vs. CAYO (islita)

POLLO (ave)   vs. POYO (banco de piedra)

10.2   ORTOGRAFIA DEL FONEMA "LL"

1.   Se escriben con **LL** las palabras que terminan en **ILLO/ILLA**. En esta regla se incluyen los diminutivos como **CHIQUILLO, PANECILLO, FUENTECILLA** etc. **(ver 7.2 para explicación del diminutivo).**

2.   Se escriben con **LL** muchas palabras que terminan en **ELLO, ELLA** y **ALLE**.

Ejemplo: BELLO, ESTRELLA, CALLE

3.   Muchas palabras comienzan con **LL**.

Ejemplo: LLAVE, LLEVA, LLORO, LLUVIA.

4.   Muchas palabras se escriben con **LL**.

Ejemplo: FALLAR, AQUELLOS, OLLA, COLLAR, TOALLA,

10.3   ORTOGRAFIA DE LA LETRA "Y"

1.   La conjunción copulativa **Y** se escribe con esta letra pero se pronuncia como una **I**.

Ejemplo: Tú Y María   Pan Y Vino

2.   Se escribe la **Y** al final de muchas palabras.

Ejemplo: SOY, MUY, CAREY, VIRREY

3.   Se escriben con **Y** muchos tiempos verbales cuyos infinitivos no contienen **LL/Y**.

> **Ejemplo:** LEER   →   LE**Y**ENDO   →   LE**Y**ERA
>
> CREER   →   CRE**Y**ENDO   →   CRE**Y**ERA
>
> IR   →   **Y**ENDO

10.4   HOMOFONOS por YEISMO "Y/LL"

Como consecuencia del **yeísmo** ocurren homofonías (mismos sonidos) entre **Y/LL** lo que ocasiona dudas ortográficas.

> **Ejemplo:**   **CAYÓ** (de caer)   **CALLÓ** (de callar)
>
> **RALLASTE** (de rollar)   **RAYASTE** (de rallar)

Nombre _____ Fecha _____

EJERCICIO Número 143 (Terminación <u>ILLO/ILLA</u>)

*Escriba los diminutivos terminados en **ILLO/ILLA** de las siguientes palabras.*

Ejemplo: CHICO → **CHIQU<u>ILLO</u>**

1. TAMBOR → _____

2. BASTON → _____

3. OLOR → _____

4. SABOR → _____

5, TIGRE → _____

6. ZORRO → _____

7. PAJARO → _____

8. PAN → _____

9. BOLSA → _____

10. TOMATE → _____

11. CIGARRO → _____

12. BOMBA → _____

13. CAMA → _____

14. PALO → _____

15. REJA → _____

16. GITANA → _____

17. TORTA → _____

18. ZAPATO → _____

19. MOLINO → _____

20. CORONA → _____

EJERCICIO Número 144 (Terminación <u>ILLO/ILLA</u>)

Con la ayuda del diccionario escriba la palabra cuyo significado se define a la izquierda.

Ejemplo: **CERRAJA**   → <u>**PESTILLO**</u>

1.   bola de hilo o lana   → _____

2.   clavo pequeño   → _____

3.   fruto que da origen a nueva planta   → _____

4.   porción pequeña de dulces o medicinas   → _____

5.   huesos que protegen el pecho   → _____

6.   aro que se usa en los dedos   → _____

7.   carreta pequeña   → _____

8.   laguna pequeña   → _____

9.   roedor de cola larga y muy inquieto   → _____

10.   barro cocido rectangular para construcción   → _____

11.   cilindro de madera para aplanar la masa   → _____

12.   iglesia pequeña   → _____

13.   pieza que sirve para ajustar las correas   → _____

14.   el que manda; jefe político   → _____

15.   edificio fuerte, con murallas sólidas   → _____

16.   herramienta para golpear (clavos)   → _____

17.   sueño desagradable   → _____

18.   curso breve; de corta duración   → _____

19.   clavo con resalto en hélice   → _____

20.   color semejante al oro, limón   → _____

Nombre _____ Fecha _____

EJERCICIO   Número 145   (Terminaciones **ELLO/ELLA/ALLE**)

*Complete la escritura de las siguientes palabras con el sufijo **ELLO,   ELLA o ALLE**.*

Ejemplo: **RESU** <u>ello</u>

1.	CAB _____	2.	S _____
3.	DEST _____	4.	ESTR _____
5.	V _____	6.	AQU _____
7.	T _____	8.	CU _____
9.	DONC _____	10.	ATROP _____
11.	DET _____	12.	CAM _____
13.	BOT _____	14.	QUER _____
15.	H _____	16.	HU _____
17.	B _____	18.	FU _____
19.	CENT _____	20.	PA _____
21.	AQU _____	22.	C _____
23.	DESCU _____	24.	SOBRES_____
25.	CONTRAS _____	26.	M _____
27.	VENT _____	28.	ENTREC _____
29.	RU _____	30.	TORCECU_____

Nombre _____ Fecha _____

EJERCICIO Número 146 (Palabras que comienzan con "LL")

Rellene los espacios en blanco con dos palabras derivadas.

Ejemplo: **LLAGAR**   <u>llaga</u>   **llagado**

1.   LLAMAR   _____   _____

2.   LLANO   _____   _____

3.   LLAVE   _____   _____

4.   LLEGAR   _____   _____

5.   LLENAR   _____   _____

6.   LLEVAR   _____   _____

7.   LLORAR   _____   _____

8.   LLOVER   _____   _____

9.   LLORIQUEAR   _____   _____

10. LLAMEAR   _____   _____

11. LLUVIA   _____   _____

12. LLANTO   _____   _____

*Estudie y memorice las siguientes palabras comunes que se escriben con **LL**. Asegúrese del significado de cada palabra consultando el diccionario.*

1.	ARROLLAR	16.	CABALLO, CABALLERO,
2.	BRILLAR	17.	CEBOLLA
3.	COLLAR	18.	FOLLETO
4.	DESARROLLAR	19.	BATALLA
5.	FALLAR	20.	OLLA
6.	FALLECER	21.	ORGULLO
7.	HALLAR	22.	MAQUILLAJE
8.	PILLAR	23.	MEDALLA
9.	RELLENAR	24.	PAELLA
10.	TALLAR	25.	PANTALLA
11.	ALLA, ALLI	26.	RELLENO
12.	AQUELLA, AQUELLOS	27.	SERVILLETA
13.	BALLENA	28.	TALLO
14.	BATALLA	29.	TOALLA
15.	BILLETE	30.	MELLIZOS, TRILLIZOS

EJERCICIO   Número 147 (La letra "Y")

Escriba los pretéritos indicados y gerundios de los verbos siguientes.

Ejemplo: **POSEER**   él <u>poseyó</u>   ellos <u>poseyeron</u>

                gerundio = <u>poseyendo</u>

1.   LEER   él _____ y ellos _____

                    gerundio: _____

2.   CAER   él _____ y ellos _____

                    gerundio: _____

3,   CREER   él _____ y ellos _____

                    gerundio: _____

4.   HUIR   él _____ y ellos _____

                    gerundio: _____

5.   ROER   él _____ y ellos _____

                    gerundio: _____

6.   ARGÜIR   él _____ y ellos _____

                    gerundio: _____

7.   RAER   él _____ y ellos _____

                    gerundio: _____

8.   PROVEER   él _____ y ellos _____

                    gerundio: _____

9.   CORROER   él _____ y ellos _____

                    gerundio: _____

10.   DECAER   él _____ y ellos _____

                    gerundio: _____

Nombre _____ Fecha _____

EJERCICIO   Número 148 (La letra "Y")

Escriba en el espacio señalado los modos, tiempos y personas requeridos.

    Ejemplo: **ATRIBUIR**

              (presente indicativo) yo <u>atribuyo</u> y él <u>atribuye</u>

              (pretérito) él <u>atribuyó</u> y ellos <u>atribuyeron</u>

              (presente subj.) Ojalá que él <u>atribuya</u> y que ellos <u>atribuyan</u>

1.   SUSTITUIR (pres.ind.) yo _____ y él _____

              (pretérito) él _____ y ellos _____

              (pres.subj.) Ojalá que él _____ y que ellos_____

              gerundio: _____

2.   HUIR   (pres.ind.) yo _____ y él _____

              (pretérito) él _____ y ellos _____

              (pres.subj.) Ojalá que él _____ y que ellos_____

              gerundio: _____

3.   CONSTRUIR (pres.ind.) yo _____ y él _____

              (pretérito) él _____ y ellos _____

              (pres.subj.) Ojalá que él _____ y que ellos_____

              gerundio: _____

4.   CONCLUIR (pres.ind.) yo _____ y él _____

              (pretérito) él _____ y ellos _____

              (pres.subj.) Ojalá que él _____ y que ellos_____

              gerundio: _____

5. CONTRIBUIR (pres.ind.) yo _____ y él _____

   (pretérito)   él _____ y ellos _____

   (pres.subj.) Ojalá que él _____ y que ellos_____

   gerundio: _____

6. INSTRUIR   (pres.ind.) yo _____ y él _____

   (pretérito)   él _____ y ellos _____

   (pres.subj.) Ojalá que él _____ y que ellos_____

   gerundio: _____

7. INFLUIR   (pres.ind.) yo _____ y él _____

   (pretérito)   él _____ y ellos _____

   (pres.subj.) Ojalá que él _____ y que ellos_____

   gerundio: _____

8. DILUIR   (pres.ind.) yo _____ y él _____

   (pretérito)   él _____ y ellos _____

   (pres.subj.) Ojalá que él _____ y que ellos_____

   gerundio: _____

9. DISTRIBUIR (pres.ind.) yo _____ y él _____

   (pretérito)   él _____ y ellos _____

   (pres.subj.) Ojalá que él _____ y que ellos_____

   gerundio: _____

10. INTUIR Gerundio: _____   11. IR   Gerundio: _____

12. TRAER Gerundio: _____   13. SUSTRAER Gerundio: _____

14. OIR   Gerundio: _____   15. DISTRAER Gerundio: _____

EJERCICIO   Número 149 (Homofonías Y/LL)

Determine el significado y origen de las siguientes palabras.

Ejemplo: VALLA → <u>cerca</u>   VAYA → <u>del verbo ir</u>

1. arrollo   → _____

2. arroyo   → _____

3. halla   → _____

4. haya   → _____

5. pollo   → _____

6. poyo   → _____

7. olla   → _____

8. hoya   → _____

9. cayó   → _____

10. calló   → _____

11. cayo   → _____

12. callo   → _____

13. rollo   → _____

14. royo   → _____

15. callado   → _____

16. cayado   → _____

17. hulla   → _____

18. huya   → _____

19. rallar   → _____

20. rayar   → _____

11.1   LA LETRA "X"

La letra **"X"** representa la suma de los fonemas **K** y **S**. Esta pronunciación, de dos fonemas por una letra, ocurre cuando la **X** se encuentra entre dos vocales o al final de palabra.

Ejemplo: **EXAMEN**   - la **X** se pronuncia **KS** ➔ **eKSamen**

                  EXITO   - la **X** se pronuncia **KS** ➔ **eKSito**

                  TORAX   - la **X** se pronuncia **KS** ➔ **toraKS**

11.2   ORTOGRAFIA DE LA LETRA "X"

1.   Se escriben con **X** las palabras que empiezan con el sufijo **EX** que significa **"fuera de"**, **"más allá"**.

   Ejemplo: **EXPONER, EXPROPIAR, EXPEDIR**

Delante de <u>nombres</u> o <u>adjetivos</u> el prefijo **"EX"** significa que ha dejado de ser lo que el nombre o adjetivo significa. Se escribe separadamente, aunque algunos prefieren enlazar las dos palabras por medio de un guión. También se pueden escribir juntas.

   Ejemplo: **EX MARIDO**   **EX PRESIDENTE**

                     EX-MARIDO   **EX-PRESIDENTE**

                     EXMARIDO   **EXPRESIDENTE**

2.   El prefijo latino **EXTRA** que significa <u>"fuera de"</u> se escribe siempre con **X**.

   Ejemplo: **EXTRAMILITAR, EXTRAORDINARIO, EXTRAOFICIAL.**

3.   Las palabras que empiezan con la sílaba **EXA, EXE, EXI, EXO, EXU,** se escriben con **X**.

   Ejemplo: **EXAMEN, EXECRAR, EXIGUO, EXOTICO, EXULTAR**

12.1 ORTOGRAFIA DE LOS FONEMAS "R/RR"

El sonido **R**, como en **oro, cara, loro,** se representa con la letra **R**.

El sonido **RR**, como en **perro**, se representa con la letra **R** al principio de palabra (**rosa**), depués de **N** (**enriquecer**), **L** (**alrededor**) o **S** (**desramar**). Se escribe **RR** cuando el sonido ocurre entre dos vocales (**perro, carrito**).

12.2 ORTOGRAFIA DE LA LETRA "R"

1. Se escribe con **R** el sonido **RR** a principio de palabra.

   Ejemplo: ROSA, RISA, REY, RAMON

2. Se escribe con **R** el sonido **RR** después de **L, N, o S.**

   Ejemplo: ALREDEDOR, ENRIQUECIDO, DESRIZAR

3. Se escribe con **R** los finales de sílaba.

   Ejemplo: MUJER, CARLOS, PERLITA, ARBOL, PARAR, COMER

4. Se escribe con **R** el sonido **R** (sonido suave) entre vocales.

   Ejemplo: AMERICANO, CURA, PARA, CORO

12.3 ORTOGRAFIA DE LA "RR"

Se escribe con **RR** el sonido **RR** (sonido fuerte) entre vocales.

Ejemplo: PERRO, CORRIDO, PUERTORRIQUEÑO

Nombre _____ Fecha _____

EJERCICIO Número 150 (Prefijo EX - EXTRA = FUERA DE)

Con la ayuda del diccionario, escriba la palabra cuyo significado se define a la izquierda.

Ejemplo: **Realzar el mérito de algo <u>exaltar</u>**

1. Sin vida, "fuera de la vida" _____

2. No oficial, "fuera de lo oficial" _____

3. Libertar al preso, "fuera de la cárcel" _____

4. Fuera del orden o regla común "de lo ordinario" _____

5. Hacer hoyos, "sacar la tierra afuera" _____

6. Fuera de límites territoriales _____

7. De carácter raro, "fuera del centro" _____

8. Sacar una cosa fuera de donde estaba _____

9. Perder el camino, "fuera de la vía" _____

10. Salir uno de su patria, "salir fuera de la patria" _____

11. Arrojar por la boca mucosidades, "sacar fuera del pecho" _____

12. Echar fuera _____

13. Fuera del recinto de una ciudad _____

14. Fuera de la vía judicial _____

15. Sacar una cosa de donde estaba, "traerla afuera" _____

16. Desposeer de una cosa a su proprietario, "sacar las cosas afuera" _____

17. Enviar cosas del propio país a otro, "llevar fuera del país" _____

**EJERCICIO   Número 151 (Prefijo EX delante de nombres o
                                    adjetivos)**

*Escriba las formas aceptables del nombre o adjetivo que significan que dejó de ser lo que el
nombre o adjetivo indica.*

Ejemplo:

JUGADOR   =   <u>EX</u> JUGADOR,   <u>EX</u>-JUGADOR,   <u>EX</u>JUGADOR

1.   PRESIDENTE   _____   _____   _____

2.   MARIDO   _____   _____   _____

3.   ESPOSA   _____   _____   _____

4.   DIPUTADO   _____   _____   _____

5.   ALCALDESA   _____   _____   _____

6.   COMUNISTA   _____   _____   _____

7.   DIPUTADO   _____   _____   _____

8.   MINISTRO   _____   _____   _____

9.   REPUBLICANO   _____   _____   _____

10.   PRISIONERO   _____   _____   _____

11.   BOXEADOR   _____   _____   _____

12.   ALCALDE   _____   _____   _____

13.   DEMOCRATA   _____   _____   _____

14.   SENADORA   _____   _____   _____

15.   REPRESENTANTE   _____   _____   _____

EJERCICIO   Número 152 (Palabras que empiezan con <u>EXA</u>, <u>EXE</u>, <u>EXI</u>, <u>EXO</u>, <u>EXU</u>)

Con la ayuda del diccionario complete la palabra que se inicia a la izquierda y escriba brevemente su significado.

Ejemplo: <u>EXA</u> <u>examen</u>   = **Prueba de capacidad**

1.   EXA _____   =   _____

2.   EXA _____   =   _____

3.   EXA _____   =   _____

4.   EXA _____   =   _____

5.   EXE _____   =   _____

6.   EXE _____   =   _____

7.   EXE _____   =   _____

8.   EXI _____   =   _____

9.   EXI _____   =   _____

10.   EXI _____   =   _____

11.   EXO _____   =   _____

12.   EXO _____   =   _____

13.   EXO _____   =   _____

14.   EXU _____   =   _____

15.   EXU _____   =   _____

Nombre _____ Fecha _____

EJERCICIO   Número 153 (Ortografía de la "R/RR")

Rellene la R o RR según convenga.

Ejemplo: COSTA RR ICENSE

HAMB̲R̲IENTO

1.	BA _____ IMOS	16.	PARA _____ AYOS
2.	HAZME _____ EIR	17.	CONTRA _____ EFORMA
3.	AL _____ EDEDOR	18.	EN _____ EDO
4.	PUERTO _____ IQUEÑO	19.	EN _____ OJECER
5.	IS _____ AELITA	20.	GUARDA _____ OPA
6.	CO _____ IENTE	21.	HE_____ERIA
7.	EN _____ IQUE	22.	NA_____ANJA
8.	A _____ ANCAMOS	23.	BA_____ERA
9.	_____ ABIOSO	24.	CO_____ONA
10.	CORTA _____	25.	AP_____ETADO
11.	PELI _____ OJO	26.	DE_____ETIDO
12.	I _____ ACIONAL	27.	CUAD_____ANTE
13.	SIN _____ AZON	28.	LAB_____ANZA
14.	INTE _____ OGATIVO	29.	TE_____ESTRE
15.	VICE _____ ECTOR	30.	A_____INCONADO

3.1 PALABRAS HOMOFONAS

Las palabras que suenan igual pero que significan cosas distintas se llaman **HOMOFONAS**, del griego **HOMOS** (**igual**) y **FONE** (**sonido**). Estas palabras se escriben con pequeñas diferencias ortográficas.

Ejemplo:	**CAUCE**	lecho del río
	CAUSE	del verbo causar
	HICE	del verbo hacer
	ICE	del verbo izar

3.2 ORTOGRAFIA DE PALABRAS HOMOFONAS

A,	preposición	**Bello,**	que tiene belleza
Ah!	interjección	**Vello,**	pelo fino
Ablando,	de ablandar	**Bienes,**	riqueza
Hablando,	de hablar	**Vienes,**	del verbo venir
Arte,	habilidad	**Botar,**	arrojar, echar, saltar
Harte,	de hartar	**Votar,**	dar el voto, hacer voto
As,	moneda, naipe, campeón	**Bota,**	calzado, recipiente
Has,	de haber	**vota,**	del verbo votar, hacer promesa
Asar,	verbo	**Cebo,**	carnada, comida
Azar,	casualidad	**Sebo,**	grasa de los animales
¡Ay!,	admiración	**Cede,**	del verbo ceder
Hay,	de haber	**Sede,**	capital de diócesis
Aya,	encargada de niños	**Cenador,**	de cenar
Haya,	árbol; del verbo haber	**Senador,**	miembro de un senado
Bacía,	vasija	**Ceso,**	del verbo cesar
Vacía,	falta de contenido	**Seso,**	cerebro
¡Bah!	admiración	**Ciento,**	adjetivo numeral
Va,	del verbo ir	**Siento,**	del verbo sentir
Balido,	de balar	**Cierra,**	de cerrar
Valido,	verbo valer	**Sierra,**	cordillera o instrumento

Barón,	noble	**Ciervo**,	animal
Varón,	hombre	**Siervo**,	esclavo, criado
Bazo,	órgano del cuerpo	**Deshecho**,	del verbo deshacer
Vaso,	recipiente	**Desecho**,	del verbo desechar
E,	conjunción	**Echo**,	del verbo echar
¡Eh!	admiración	**Hecho**,	del verbo hacer
Errar,	equivocarse	**Espirar**,	sacar aire de los pulmones
Herrar,	colocar herradura	**Expirar**,	morir
Espiar,	mirar con disimulo	**Hierba**,	planta pequeña
Expiar,	reparar una falta	**Hierva**,	del verbo hervir
Gira,	del verbo girar	**O**,	conjunción
Jira,	día de campo	**¡Oh!**	admiración
Hierro,	metal	**Cirio**,	vela de casa
Yerro,	culpa, error	**Sirio**,	de la Siria
Ojear,	dirigir los ojos o mirar hacia un lugar	**Ola**,	onda que se forma en la superficie del agua
Hojear,	mover o pasar las hojas de un libro	**¡Hola!**	interjección
Ora,	del verbo orar	**Rebelar**,	sublevar
Hora,	una de las veinticuatro partes del día	**Revelar**,	descubrir un secreto
Reciente,	nuevo	**Risa**,	de reír
Resiente,	de resentir	**Riza**,	de rizar
Rosa,	flor	**Sabia**,	que posee sabiduría
Roza,	del verbo rozar	**Savia**,	jugo que nutre las plantas
Sueco,	perteneciente a Suecia	**Tubo**	pieza hueca
Zueco,	calzado de madera	**Tuvo**,	del verbo tener
Sumo,	lo más alto	**Vos**,	pronombre: vosotros
Zumo,	jugo o humor líquido	**Voz**	sonido, palabra
Verás,	futuro de ver		
Veraz,	que dice la verdad		

EJERCICIO   Número 154 (Palabras HOMOFONAS)

Escriba oraciones cortas utilizando las siguientes palabras homófonas.

Ejemplo: **A**   **Doy el libro a mi hermano.**

HA   **El estudiante ha hecho la tarea.**

1.   ARROLLO   _____

ARROYO   _____

2.   BARÓN   _____

VARÓN   _____

3.   BIENES   _____

VIENES   _____

4.   BOTAR   _____

VOTAR   _____

5.   CEBO   _____

SEBO   _____

6.   CIERRA   _____

SIERRA   _____

7.   OJEAR   _____

HOJEAR   _____

8.   OLA   _____

HOLA   _____

9.   CIERVO   _____

     SIERVO   _____

10. RECIENTE   _____

     RESIENTE   _____

11. ROSA   _____

     ROZA   _____

12. SUMO   _____

     ZUMO   _____

13. TUBO   _____

     TUVO   _____

14. SABIA   _____

     SAVIA   _____

15. VERÁS   _____

     VERAZ   _____

16. AS   _____

     HAS   _____

17. CIENTO   _____

     SIENTO   _____

18. ORA   _____

     HORA   _____

APENDICE A

NOMEMCLATURA DE LOS TIEMPOS

INDICATIVO	SUBJUNTIVO
PRESENTE (amo, como, vivo)	**PRESENTE** (ame, coma, viva)
IMPERFECTO (amaba, comía, vivía)	**IMPERFECTO** (amara, comiera, viviera amase, comiese, viviese)
PRETERITO (amé, comí, viví)	
FUTURO (amaré, comeré, viviré)	**FUTURO** (amare, comiere, viviere)
PRESENTE PERFECTO (he amado, he comido, he vivido)	**PRESENTE PERFECTO** (haya amado, haya comido, haya vivido)
PLUSCUAMPERFECTO (había amado, había comido, había vivido)	**PLUSCUAMPERFECTO** (hubiera amado, hubiera comido, hubiera vivido, hubiese amado, hubiese comido, hubiese vivido)
PRETERITO ANTERIOR (Pretérito perfecto) (hube amado, hube comido, hube vivido)	
FUTURO PERFECTO (habré amado, habré comido, habré vivido)	**FUTURO PERFECTO** (hubiere amado, hubiere comido, hubiere vivido)

CONDICIONAL

> **SIMPLE**
> (amaría, comería, viviría)

> **COMPUESTO**
> (habría amado, habría comido,
> habría vivido)

IMPERATIVO

> **PRESENTE**
> (ama tú, come tú, vive tú, no
> ames, coma Ud., amemos
> nosotros, comed vosotros)

INFINITIVO	amar, comer, vivir

GERUNDIO	amando, comiendo, viviendo

PARTICIPIO PASADO	amado, comido, vivido

INFINITIVO COMPUESTO	haber amado, haber comido, haber vivido

GERUNDIO COMPUESTO	habiendo amado, habiendo comido, habiendo vivido

APENDICE B

SUFIJOS LATINOS COMUNES

SUFIJOS	SIGNIFICADO	EJEMPLOS
cida	que mata	insecticida
forme	con forma de	arboriforme
sono	que suena	dulcisono, horrisono
voro	que come o devora	carnívoro

APENDICE C

PREFIJOS LATINOS

PREFIJOS	SIGNIFICADO	EJEMPLOS
ad	cerca de, a	adjunto, adyacente
bi, bis	dos	bicicleta, bisabuelo
circum	alrededor	circumpolar
des, dis	no, sin	desagradecido, disgustar
equi	igual	equidistar
ex	fuera de, que fue	exportar, excéntrico, exministro, exalumno
in	no, sin	inactividad, injusto
im	falta de	impiedad, impaciencia
inter	entre, en medio	internacional, interlineal

post	después	postmeridiano,
pos	detrás	posponer
pre	antes	predecir, prejuzgar
pro	en vez de	pronombre
re	de nuevo, más, mucho	recaer, refregar, recargar
semi	medio	semicírculo
sub	debajo, inferior, dependiente de	submarino, subsecretatio, suboficial
super	sobre, muy	superponer, superabundante
trans	del otro lado	transmarino
tras	a través de	trasandino, traslúcido
vice	en vez de	vicepresidente
vi/viz	inferior a	virrey, vizconde

APENDICE D

ELEMENTOS GRIEGOS

uyo significado puede ayudar a conocer el significado de muchísimas palabras castellanas, en cuya formación intervienen dichos elementos.

Voces Griegas	SIGNIFICADO	Ejemplo (1)
a	SIN	a-teo, an-ónimo
aero............	AIRE	aero-lito
algia...........	DOLOR	neur-algia
anfi	AMBOS	anfi-bio
	ALREDEDOR	anfi-teatro
anti............	CONTRA	anti-cristo
ántropo	HOMBRE	fil-ántropo
auto	UNO MISMO	autó-grafo
biblio	LIBRO	biblió-filo
bio	VIDA	bio-logía
cosmo	UNIVERSO	cosmo-grafía
cracia	PODER	demo-cracia
crata	AUTORIDAD	á-crata
cromo	COLOR	poli-cromo
crono	TIEMPO	cronó-metro
demo	PUEBLO	demo-cracia
dinam	FUERZA	diná-mica
dromo	CARRERA	hipó-dromo
epi	SOBRE	epi-tafio
eu	BUENO	eu-fonía
fago	COMER	antropó-fago
fil	AMANTE	fil-armonía
filo	AMANTE	filó-sofo
fonet	SONIDO	fonét-ica
fonía	SONIDO	sin-fonía
metra	MEDIR	geó-metra
metro	MEDIR	kiló-metro
micro	PEQUEÑO	micro-bio
miria	DIEZ MIL	miría-metro
mon	UNO, SOLO	mon-arca
mono	UNO, SOLO	mono-lítico
neo	NUEVO	neo-latino
neur	NERVIO	neur-algia
neura	NERVIO	neura-stenia
neuro	NERVIO	neuro-logía

oide	FORMA	romb-oide
ónima	NOMBRE	hom-ónimo
orto	RECTO, JUSTO	orto-grafía
peri	ALREDEDOR	perí-metro
poli	MUCHOS	poli-edro
proto	PRIMERO	proto-mártir
scopio	VER, VISTA	micro-scopio
seudo	FALSO	seud-ónimo
sofía	SABIDURIA	filo-sofía
sofo	SABIDURIA	filó-sofo
stenía	TENSION, DEBILIDAD	neura-stenia
tafio	TUMBA	epi-tafio
tele	LEJOS	telé-grafo
teo	DIOS	teo-logía
zoo	ANIMAL	zoo-logía